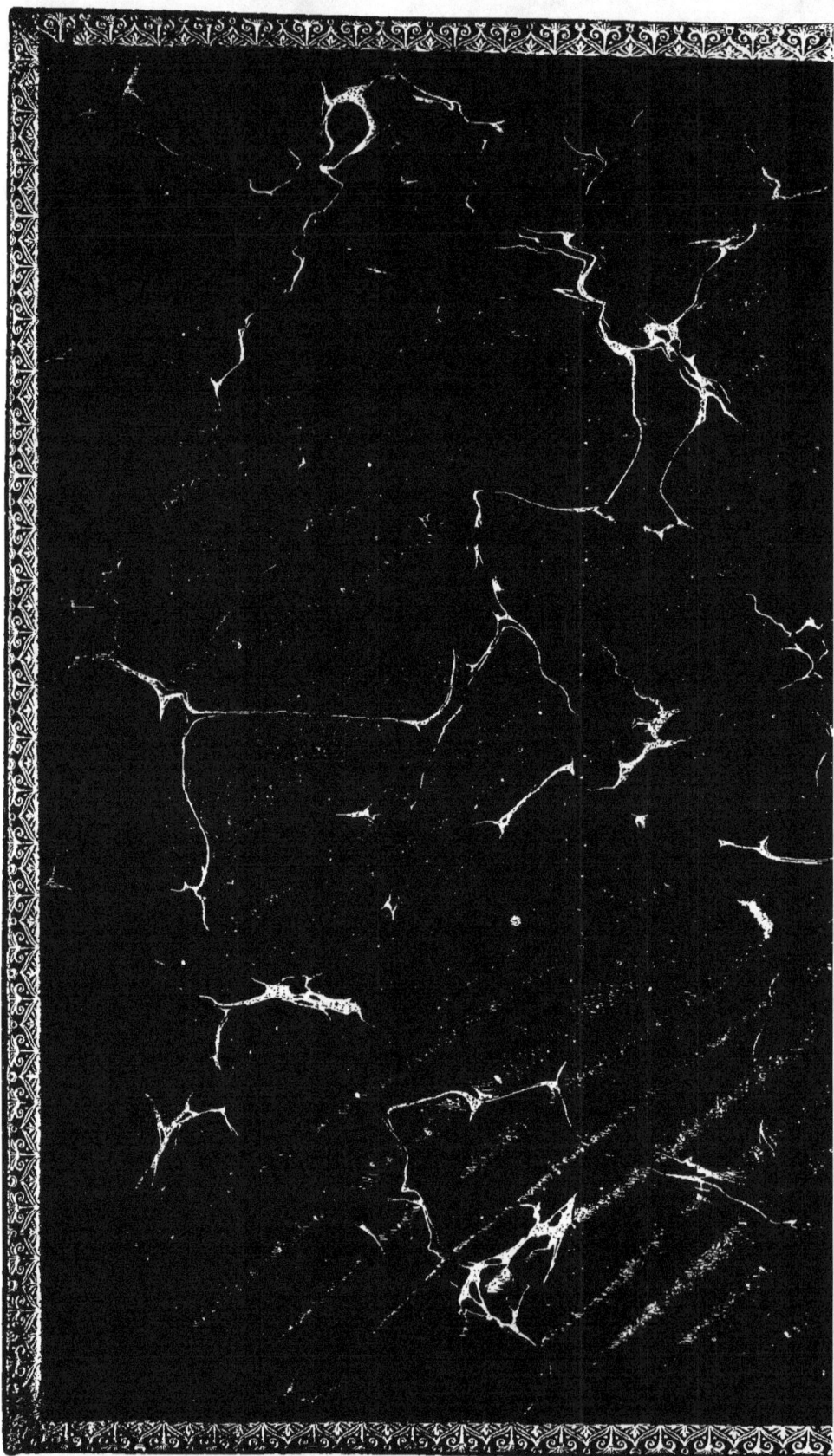

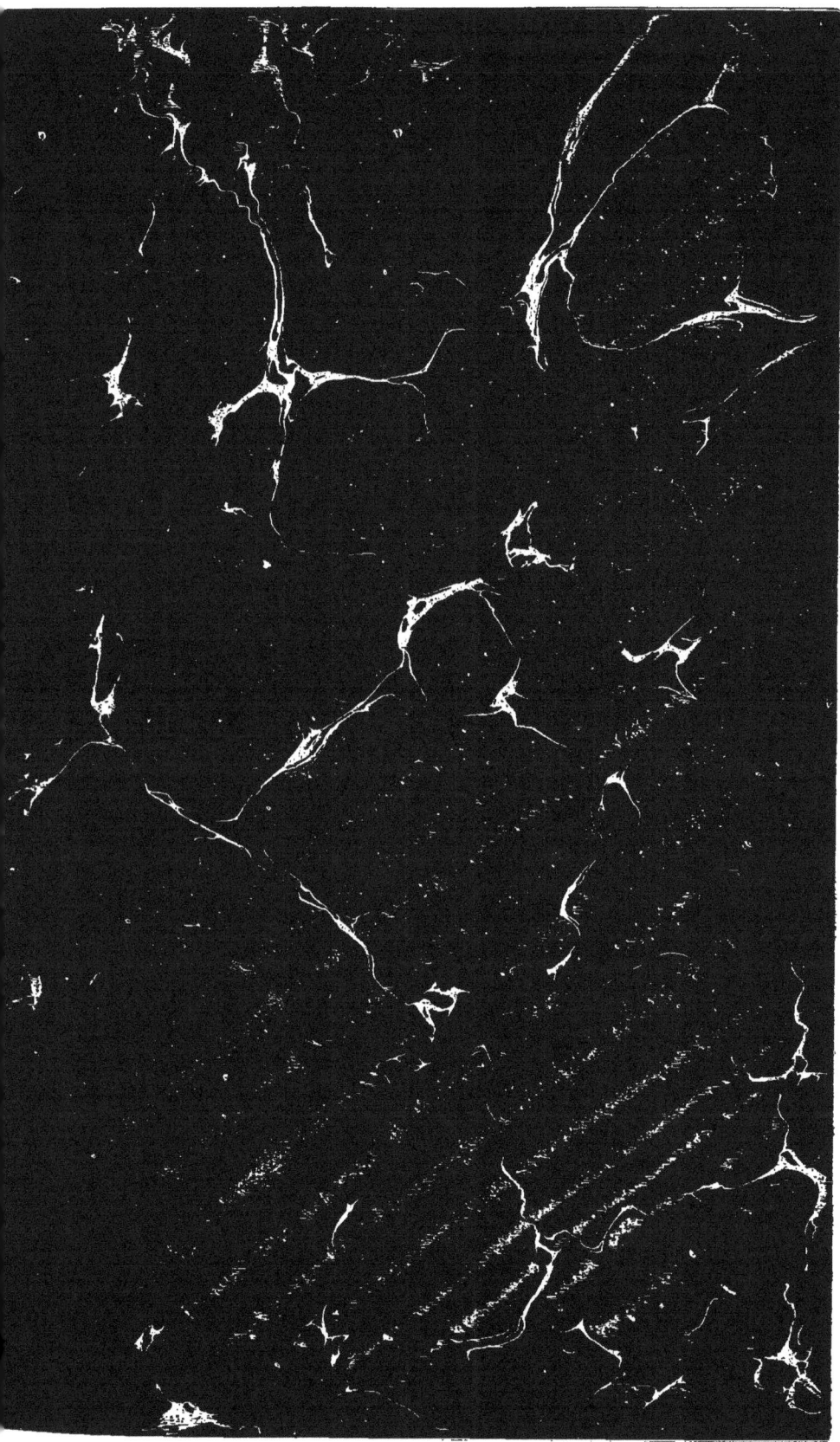

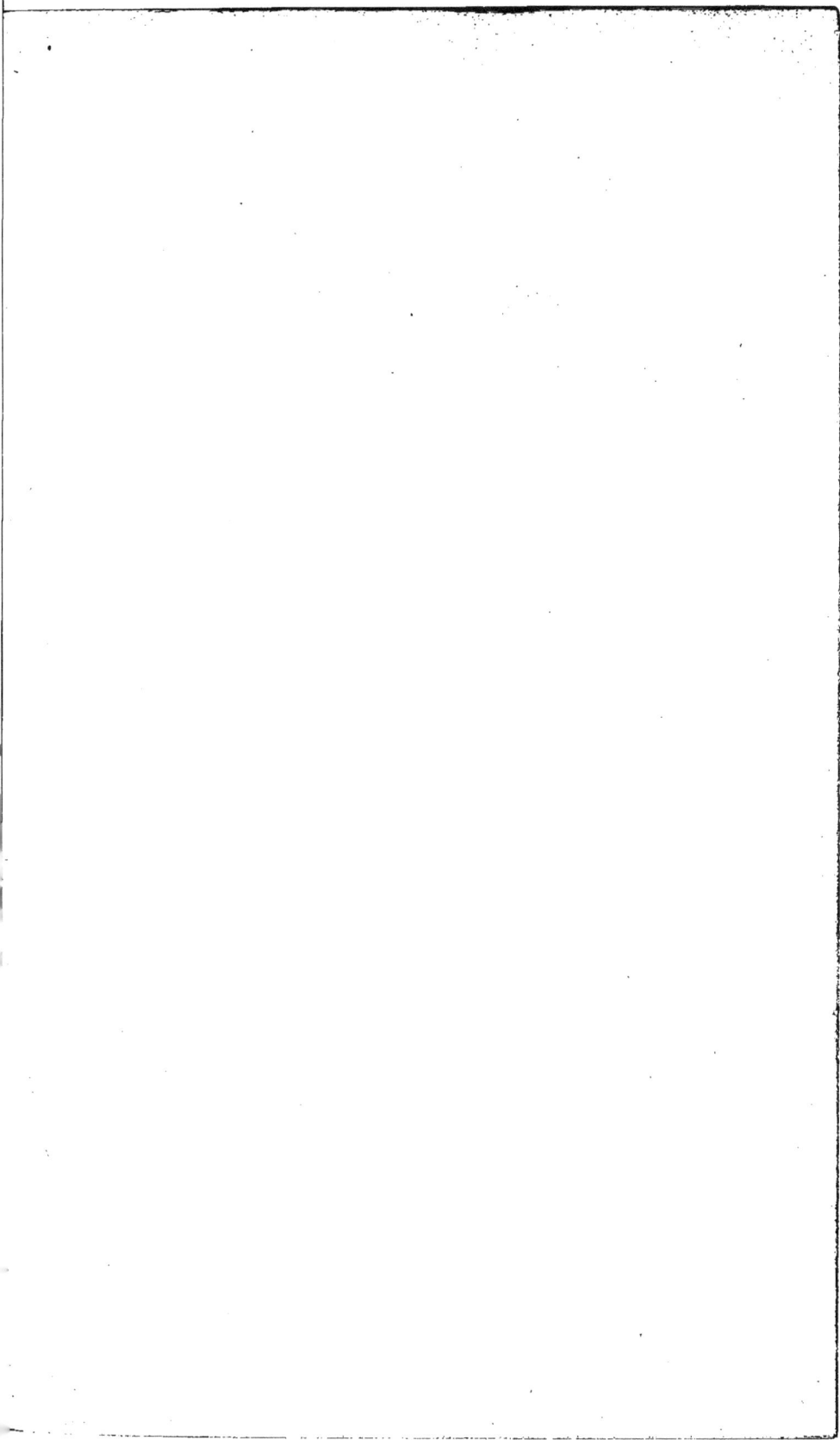

34022

EXPLICATION

DE QUELQUES TITRES

DU DIGESTE.

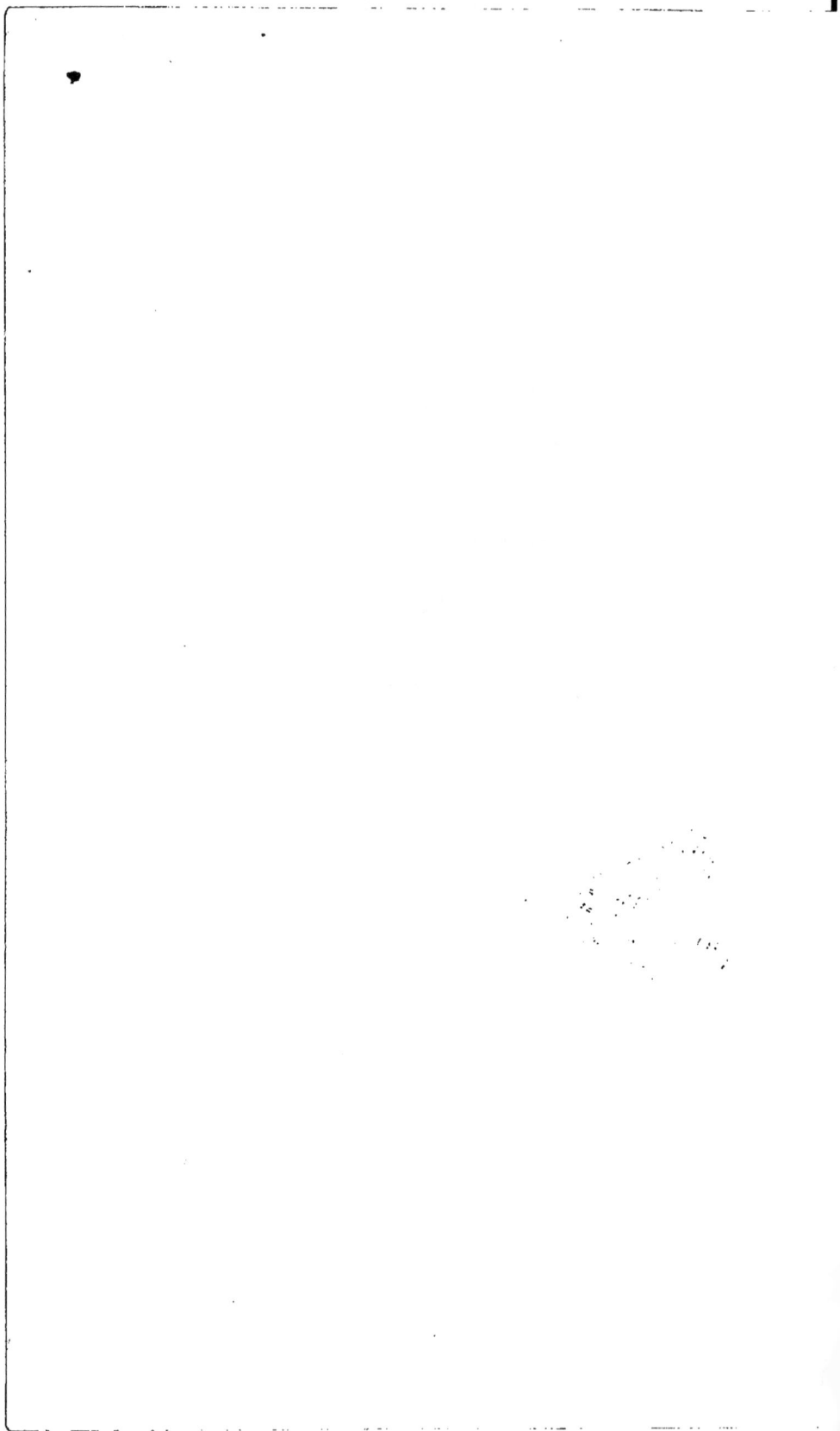

EXPLICATION

DE QUELQUES TITRES

DU DIGESTE

CONTENANT

L'ANALYSE RAISONNÉE

SUR CHACUNE DES LOIS QUI Y SONT CONTENUES,
DE LA DOCTRINE DES PLUS CÉLÈBRES COMMENTATEURS,
TELS QUE CUJAS, POTHIER, VINNIUS, ETC. ;

SUIVIE D'UN

ESSAI SUR LES STATUTS

RÉEL ET PERSONNEL.

PAR A. L. ERNEST DUCHESNE BEAUMONT,

AVOCAT, DOCTEUR EN DROIT.

O miserande puer! si qua fata aspera rumpas,
Tu Marcellus eris.

TOME PREMIER.

PARIS,

TYPOGRAPHIE DE FIRMIN DIDOT FRÈRES,
IMPRIMEURS DE L'INSTITUT,
RUE JACOB, N° 56.

1840.

PRÉFACE.

Ce livre qui révèle une étude si sérieuse du droit est l'œuvre d'un jeune homme que la mort à frappé à vingt-trois ans!

Il contient, en droit romain, l'Explication de dix titres du Digeste : en droit français, un Essai sur la distinction des statuts réel et personnel.

Les commentaires sur les titres du droit romain ont été imprimés dans l'ordre qu'ils occupent au Digeste; mais ce n'est pas celui dans lequel ils ont été composés, et la différence des dates explique la différence du travail. Ainsi le titre *de Communi dividundo,* sujet de la thèse de licence que Beaumont soutint à Paris, le 19 août 1837, est traité d'une manière simple et élémentaire. Les principes y sont développés, tandis que les graves questions de la matière y sont plutôt indiquées que discutées. C'est le seul de ces commentaires qui soit écrit en latin.

Le titre *de adquirendo rerum dominio*, fait l'année suivante pour la thèse de doctorat de l'auteur (1) révèle un immense progrès. Non-seulement on y trouve les principes nettemment posés, mais les questions les plus ardues consciencieusement approfondies; ce n'est plus un disciple faisant l'extrait de la doctrine des maîtres, c'est un critique qui discute et qui juge.

Dans les huit autres titres du Digeste (2), l'exposition des principes est plus négligée comme plus connue; les difficultés franchement abordées sont presque toujours heureusement résolues. Les travaux sur ces huit derniers titres ainsi que l'Essai sur la distinction des statuts, se placent dans les neuf premiers mois de 1839; et si on remarque que, dans le même temps, Beaumont suivait assidûment les séances du concours qui eut lieu à l'école de droit du premier janvier au premier juillet, préparait pour des conférences dont il faisait partie des rapports et des plaidoieries qu'on a trouvées rédigées dans ses papiers, augmentait enfin ses connaissances en droit français, comme l'ont prouvé des

(1) Soutenue le 28 décembre 1838.

(2) *De negotiis gestis, mandati vel contrà, de usuris, de liberis et posthumis, de re judicatá, de verborum obligationibus, de fidejussoribus, de solutionibus et liberationibus.*

notes volumineuses qui n'ont pas été livrées à
l'impression, et commençait l'étude de la langue
allemande, on comprendra quels immenses résul-
tats la science était en droit d'attendre d'une telle
puissance de travail dans un jeune homme intelli-
gent, actif, habile à manier l'arme du raisonnement, si Dieu ne l'eût rappelé à lui!

La manière de travailler de Beaumont consistait
à soumettre à l'analyse et à la discussion la doctrine
des Cujas, Pothier, Vinnius, etc., et à l'éclairer, soit
par les textes nouvellement découverts, notamment
par les Institutes de Gaius, dont il possédait parfai-
tement et la lettre et l'esprit, soit par ses propres
idées.

Aucun de ces travaux, du reste, n'était destiné à
voir le jour; ce sont des notes qui ne devaient avoir
pour but que d'aider la mémoire de Beaumont, et
qu'il n'a pas même relues. Elles ont été laissées
telles qu'elles sont sorties de sa plume avec quelques négligences, quelques critiques parfois trop
légèrement exprimées.

Toutefois le style est en général facile et correct :
la pensée claire, profonde, éminemment logique;
une critique juste et éclairée des anciens commentateurs y démontre une parfaite connaissance du
droit romain; des vues nouvelles, ingénieuses,

viennent souvent, dans cette matière ardue, trahir
une imagination jeune et riche. Mais ce qu'il y a
sans contredit de plus remarquable dans ces notes,
c'est une vigueur d'argumentation qui promettait
un athlète redoutable pour ces luttes des concours
auxquelles il se préparait.

Quant à l'Essai sur les statuts réel et personnel,
que Beaumont termina dans le mois qui précéda sa
mort, je n'en dirai qu'un mot : c'est un travail
qu'aucune plume ne désavouerait.

G. C. D.

NOTICE

SUR

ERNEST DUCHESNE BEAUMONT

(ANTOINE-LOUIS).

———◦◦◦———

ERNEST DUCHESNE BEAUMONT (Antoine-
Louis), avocat, docteur en droit, né à Paris,
le 3 juillet 1816, y est mort le 10 novembre
1839, âgé d'un peu plus de vingt-trois ans.

Cette carrière si courte a été pleine; elle
n'a pas seulement offert de brillantes espé-
rances, elle a aussi produit des fruits. La tendresse maternelle en a assuré la conservation
pour un petit nombre d'amis et comme un
exemple donné aux jeunes gens studieux.

Mais avant de parler des regrets que les
amis de l'étude et de la science doivent dé-
poser sur sa tombe, disons un mot des qua-
lités du cœur qui distinguaient cet excellent
jeune homme.

Plaçons ici en première ligne son dévoue-
ment et sa tendresse pour ses parents. Jamais
une mère n'a vu l'amour filial se manifester
par un empressement plus affectueux, par
une confiance plus entière; rien n'a pu éga-
ler l'active et constante reconnaissance qu'il
portait à son père, si ce n'est les soins tou-
chants qu'il lui a prodigués dans sa longue
et dernière maladie, où l'affaiblissement gra-
duel d'un côté semblait augmenter de l'autre
la déférence et les attentions.

L'éloge d'ERNEST BEAUMONT est en-
core écrit dans le choix qu'il fit de ses amis.
L'élévation des sentiments, l'ardeur pour
l'étude, l'amour des idées généreuses fixaient
seuls ses sympathies. Il portait dans leurs
conférences studieuses toute la sagacité d'un
esprit exercé, et dans les réunions consacrées
au plaisir, toute la gaieté et l'amabilité de
son caractère et de son âge : ajoutons aussi
que son ton et ses manières étaient constamment empreints des habitudes de la bonne
compagnie.

Élève du collége Bourbon, il y remporta

des prix de versions, de thème, d'histoire et de physique.

L'étude sérieuse et suivie qu'il avait faite du droit pouvait lui faire espérer prochainement une place honorable parmi nos légistes : il avait été reçu avocat, le diplôme de docteur en droit lui avait été décerné ; il aspirait, avec des chances de succès, au professorat de cette science difficile.

Les graves méditations qu'elle exige n'excluaient point chez lui le goût des lettres et celui des sciences naturelles, qui lui servaient de délassement. Il a écrit plusieurs morceaux dans lesquels le charme du style sert d'interprète au talent d'observation.

Hélas ! une mort prématurée a enlevé à la société un membre qui l'aurait certainement honorée.

Puissent les travaux qu'il a laissés faire vivre encore son souvenir et le préserver de l'oubli, cette seconde mort, qui pour tant d'hommes est le complément fatal de la première !

Cette Notice ne sera probablement lue que

par des amis d'Eʀɴᴇsᴛ qui sauront y ajouter
ce qui lui manque ; si elle l'était par des personnes qui ne l'ont point connu, nous ne
croyons pas que, pour elles, l'expression de
nos sentiments ait été au-dessus de la vérité.
D'ailleurs, on nous pardonnerait facilement :
les courtisans de la tombe sont aussi rares
que ceux du malheur.

H......

EXPLICATION

DE QUELQUES TITRES

DU DIGESTE

CONTENANT

L'ANALYSE RAISONNÉE,

SUR CHACUNE DES LOIS QUI Y SONT CONTENUES, DE LA
DOCTRINE DES PLUS CÉLÈBRES COMMENTATEURS.

DE NEGOTIIS GESTIS.

Dig., lib. 3, tit. 5.

Prætor ait : « Si quis negotia alterius, sive quis negotia quæ cujusque, cum is moritur, fuerint, gesserit, judicium eo nomine dabo. »

L. 1.

Ne indefensi rerum possessionem aut vendi-tionem patiantur. V. G. III, § 78 et suiv.

L. 3, § 4.

Les Florentines portent : *Pupillus sane ;* Cujas
lit : *Pupilli sane.* C'est le pupille dont on a géré
les affaires, c'est lui qui sera actionné. Le sens
est : Le pupille, depuis le rescrit d'Antonin le
Pieux, pourra être actionné par l'act. neg. gest.;
ce qui est contraire aux principes qui veulent
que, sans l'autorisation de leur tuteur, les pu-
pilles ne puissent être obligés. Le rescrit d'Antonin n'est pas connu; nous en avons un dans
le même sens de Sévère et Antonin. L. 2 , C.
neg. gest.

Au contraire, lorsque le pupille est *neg. gestor*
et qu'il agit, il doit souffrir la compensation ; ce
qui avait lieu même avant le rescrit d'Antonin,
disent Cujas et Pothier.

A ce rescrit d'Antonin paraîtrait se rapporter
la loi 46 de obl. et act., qui regarde le pupille
comme obligé sans autorisation, *ubi ex re actio
venit.* Mais il faut remarquer néanmoins que
cette loi ne suppose pas le pupille obligé seulement *quoad locupletior*, puisqu'elle le suppose
obligé *ex delicto.* Cette remarque rend, à ce qu'il
nous semble, fort difficile l'explication, soit de
cette loi, soit du rescrit d'Antonin.

Ce rescrit, du reste, dont il est fait mention
L. 3., commod., L. 5, de auct. tut., a pour but

de donner action contre le pupille, chaque fois
qu'il est devenu plus riche.

§ 5.

Curatori furiosi utilis actio tantum datur cum
non ultro ad administrationem accesserit.

§ 6.

Neque heredis. Obst., L. 28, § ult. de stip. serv.
quæ dicit heredem postquam heres exstiterit *videri ex morte defuncto successisse.*

Solve. Hæc sunt dicta ex opinione Cassii quam
secuta est Gaius, cum alia sententia Proculi fuerit, ut ex ipso loco apparet, quem secutus Ulpianus.

§ 9.

Nota decisionem.

§ 10.

Aliqua necessitate urgente. Putat Noodt, urgente necessitate injuncti muneris velut curationis. Aliter Pothier urgente necessitate rei
familiaris ejus cujus negotium geritur.

§ 11.

Adversus utrumque esse actionem. Scilicet ex

stipulatu adversus fidejussorem, adversus dominum, n. g.

L. 5, § 1.

Solus Sempronius mihi actione, etc. Utili scilicet, cum directa non detur, nisi cùm quis alicujus
gratia negotia gesserit.

L. 6 pr.

La Norique et les Basiliques joignent cette loi
à la précédente et l'attribuent à Ulpien, ce qui
semble assez conforme à la rubrique des Florentines, qui porte le mot *scribit;* toutes les lois
suivantes remontent donc d'un rang de numéros.

Dans l'espèce de la loi, j'aurai l'action neg. gest.
contre le pupille et contre le tuteur; celui des
deux *cujus contemplatione gessero* sera sujet à
l'action directe, l'autre à l'action utile.

§ 1.

Y aura-t-il, dans l'espèce, quelqu'un d'obligé
ex mutuo? Non, répond Cujas : neque procurator, quia non ejus gratia credidi, neque dominus, cum mutuum cum eo contractum non
sit. Remarquez que ceci peut être vrai quant au
dominus, pour Julien qui vivait du temps d'Ha-
drien, mais que cela ne serait plus vrai sous Sévère et ses successeurs, depuis que nous acqué-

rons la possession et le *dominium per extra-neum*, il semble qu'il y aurait *mutuum* à l'égard du maître.

Notez cependant qu'en supposant qu'il y a ignorance de la part du maître, la décision est vraie, même après Sévère.

§ 2.

Quand bien même, dans l'espèce, celui qui porte aurait eu en vue l'intérêt de celui qui envoie et non de celui qui reçoit, suivant les cas il y aura action directe ou utile.

§ 3.

A la fin du paragraphe, Noodt lit *exceptionem* au lieu de *actionem*; il ne peut se persuader qu'on obtienne une action *ex dolo*.

Cujas dit que l'action qu'obtient cet individu n'est qu'une except. ou une *condictio quasi retentione usus non sit quá uti potuit*. Ce qui semble décider Cujas, c'est que l'individu qui n'a pas l'intention de gérer l'affaire d'autrui n'a pas l'act. contr. *neg. gest.*, L. 14 et 29, comm. div. Nous ferons remarquer qu'ici il a l'intention de gérer les affaires d'autrui, bien que de mauvaise foi.

§ 4.

Ce paragraphe est l'application exacte des L. 14 et 29, comm. div.

§ 5.

La loi 13, § 1, commodati, parle d'une action de mandat; nous ne connaissons pas de
conciliation.

§ 6.

*Adversus patrem dominumve de peculio dun-
taxat dandam actionem.* Quasi solum filiumve
obligatum habeam cujus duntaxat contemplatione gessi, quamvis ad te quoque negotium
pertineret in cujus bonis est peculium filii tui.

Nihil agitur ratihabitione. La ratification du
père ou du maître ne peut avoir pour effet de
tenir le père par l'action *negotiorum gestorum;*
et, en effet, on a cette action seulement contre
celui *cujus contemplatione gesta res est,* et l'on
suppose que c'est en considération du fils; d'un
autre côté, on peut avoir une action utile contre celui dont on a géré les affaires, bien qu'on
ne l'ait pas fait *ejus contemplatione;* mais en gérant les affaires du pécule, on n'est pas sensé gérer les affaires du père. C'est même peut-être en
faisant fléchir les principes, qu'on accorde l'action contre le père, si, *ejus contemplatione,* on
gère les affaires de son fils, et dans le cas où *ne-
cessarius servus emptus sit,* ce qui semble se de-
voir conclure *à contrario* de notre texte.

§ 7.

Toute la question de ce paragraphe se réduit à celle de savoir *cujus contemplatione res gesta est.*

§ 9.

Espèce : Voulant gérer vos affaires, je demande de l'argent à un individu que je crois votre débiteur; il me paye, croyant aussi l'être; vous ratifiez ce payement, cet individu qui a payé à moi aura contre vous la *condictio indebiti*, parce que *ratihabitione tuum negotium fecisti;* mais, d'un autre côté, vous aurez contre moi l'act. neg. gest., pour réclamer de moi ce que j'ai touché.

Obs. L. 22, § 2, ratam rem hab.

L'antinomie vient de la différence d'espèce. Dans notre loi, il s'agit du cas où le *negot. gestor* a fait payer *extra judicium.* Dans ce cas, la ratification du maître a cet effet, de le faire tenir de la *condictio indebiti.* Mais dans le cas où la *condictio indebiti* n'est pas possible, à quoi bon s'occuper des effets de la ratification du maître ? C'est ce qui a lieu lorsque l'argent a été payé en vertu d'un jugement; dans ce cas, la ratification du propriétaire ne peut rien faire à celui qui a payé. Quant à la question soulevée à l'égard des fidéjusseurs dans cette loi, elle est tout autre.

§ 10.

Dans tous ces cas où les textes disent qu'une ratification amène à l'act. neg. gest., on oppose la L. 60, de reg. jur., qui dit que la ratification donne l'action de mandat. Solve. Cela dépend de l'intention du ratifiant. *Quoniam conveniendi eos judicio facultatem non habuit, qui nullam actionem intendere potuit* : V. L. 39, h. t.; L. 10, in fin., C. eod.

Ceci semble du droit rigoureux; voyez une autre opinion, G. IV, 84.

L. 8 pr.

Il paraît qu'on doit expliquer par la différence d'opinion des jurisconsultes, signalée par Gaius, les diverses antinomies qui se trouvent entre les textes qui tantôt, comme le nôtre, supposent qu'on ne peut agir *nomine alieno*, tantôt, comme ceux de Paul, L. 19, § 3, h. t., L. 23, eod., supposent action sans mandat.

Remarquez qu'une constitution de Gratien, Valentinien et Théodose, défend d'agir pour autrui sans mandat.

A quo mandatum non exigebatur. Gaius nous dit (loc. cit.) que, d'après l'opinion de certains jurisconsultes, on pouvait agir pour autrui sans mandat; cette opinion n'est pas présentée par

lui comme ayant prévalu, au moins quant au
demandeur. V. L. 39, h. t. Cependant il paraîtrait, d'après notre texte, que dans certains
cas on pouvait sans mandat agir *nomine alieno*.
Nous en trouvons un exemple L. 2, C. Théod.,
de cogn. : *Commune negotium et quibusdam
absentibus agi potest, si præsentes rem ratam
dominum habiturum cavere parati sunt* (V. fr. Vat.,
§ 330; douteux que l'espèce soit la même).

*In principio quæstionis persona debet inquiri et
utrum ad agendum negotium mandato utatur ac-
cepto. Quibus rite et solemniter constitutis potest
esse sententia. Præteritis autem his nec dici con-
troversiæ solent nec potest esse judicium.* Cette
constitution est, du reste, postérieure à Paul
et à Ulp.; mais elle rend bien singulières les antinomies qui se rencontrent au ff. entre les textes de Paul et d'Ulp. sur la quest. Il semble que
les rédacteurs des Pandectes auraient dû plier
à sa doctrine les textes qui la contredisent.

*Idem erit dicendum et in ea causa ex qua
heres non tenetur.* C'est-à-dire que si l'auteur
qui était tenu d'une action a géré les affaires de
son créancier, son héritier sera tenu, parce qu'il
est tenu de l'act. n. g. qui est héréditaire.

Une constitut. d'Antonin, L. 1, C. de Proc.,
semble permettre d'agir sans mandat; une autre constitut. d'Alexandre-Sévère, L. 12, eod.,
contient la même doctrine, et décide de plus

que le fils peut agir sans mandat. Nous trouvons eod., L. 24, une constitut. des mêmes em-
pereurs qui ont porté la loi citée au Cod. Théod.,
constitut. qui paraît lui être postérieure de quelques jours. En effet, la loi du Cod. Just. est du
31 mars, tandis que la constitut. est du 4 ou
du 6 avril; cette dernière est des mêmes consuls
que la première, quoique nous n'en connaissions
pas l'année, mais la similitude des termes prouve
bien le rapprochement des époques. Elle décide de même qu'on ne peut agir sans mandat.
La loi 35 pr. au Digeste de Procurat., tirée du
livre 9 d'Ulp. sur l'édit, c'est-à-dire, du même
ouvrage et presque du même livre, nous cite,
comme pouvant agir sans mandat, les enfants,
les pères, les frères, les alliés et les affranchis.
V. aussi du même auteur L. 40, § 4, eod. — La
question nous paraît extrêmement douteuse. V.
en effet de la défense sans mandat, L. 60, in fin.
de Proc.; L. 31, § 2, neg. gest.

§ 1.

Per abreptionem, par subtilité, parce que je
ne devais pas être admis *ad agendum sine mandato*. Pothier.

§ 3.

Il paraîtrait qu'il y avait entre les jurisconsultes discussion sur la question de savoir si

l'on doit donner une action à celui qui gère contre la volonté du propriétaire. Julien tenait pour la négative. V. L. 24, C. neg. gest., qui confirme l'opinion de Julien.

L. 11.

Remarquez ces mots : *Absens pensare lucrum cum damno debet.* Cette opinion, particulière à Pomponius et rejetée par la plupart des jurisconsultes, est proscrite par un rescrit de Marc-Aurèle, L. 23, § 1, pro. soc.

Et culpam et dolum præstare debes. Les interprètes discutent la question de savoir si c'est la faute légère ou très-légère. Ceci dépend de celle de savoir s'il y a une faute très-légère et de la théorie des fautes. Pothier dit qu'on doit se décider selon les circonstances.

Venales novicios, c'est-à-dire, des esclaves qui n'ont pas servi encore un an.

L. 12 pr.

Qui apud hostes decessit. On suppose la mort, parce qu'autrement *in pendenti est quis dominus sit.*

§ 1.

Si le fils décédait *intestat*, le père aurait le pécule *jure patris;* dès lors viendrait la question résolue dans la loi 6, § 6.

L. 13.

La solution dans l'espèce proposée dépend de la question de savoir si le neg. gest. est en faute d'avoir déposé l'argent *in arca ;* s'il est en faute, il le restituera ; mais comme par sa restitution, la succession se trouve entière, il devra retenir les deniers qu'il a dépensés dans sa gestion, puisque c'est comme s'il avait géré utilement ; d'un autre côté, on ne doit pas faire de doute que la créance qu'il avait n'est pas éteinte et qu'il peut exercer son action à cet égard.

La compensation dans les actions de bonne foi résulte de l'office même du juge ; mais à la condition que la dette provient *ex eadem causa,* ce qui n'a pas lieu dans l'espèce.

Ne prædia in publicum committerentur. Lorsqu'on ne payait pas les impôts, il en résultait confiscation de l'immeuble.

Ne pœna trajectitiæ pecuniæ augeretur. Le défaut de payement d'une somme empruntée à la grosse augmente d'intérêt par chaque jour de retard.

L. 15.

Quid enim si pupilli negotia cœperim gerere et inter moras pubes factus sit. En effet, le pupille est tenu seulement *quanti locupletior factus est,* quand il est obligé sans autorisation de son tuteur. L. 3, § 4; tandis que contre le pubère l'action neg. gest. est *quanti impensum.*

Vel servi aut filiifamilias, et interea liber aut paterfamilias effectus sit. Contre le maître ou le père, on n'aura l'action neg. gest. que *de peculio;* contre le fils émancipé on aura une action seulement, *in quantum facere possunt;* c'est un bénéfice accordé par le préteur *cum familia initur.* Lorsqu'un fils est émancipé, ou devient père de famille par le décès de son père qui l'a exhérédé, les obligations par lui contractées pendant qu'il était en puissance sont limitées par le préteur au quantum facere potest. L. 2, quod cum eo; L. 5, ad Sc. Maced.

Quant à l'esclave qui n'est obligé que naturellement, on n'a d'action contre lui, ni pendant qu'il est *in potestate*, ni après.

Paul résout la question par une distinction, et dit que, suivant l'intention du gérant, *aut unum negotium est gestum, id est, filii tantum vel servi, aut duo, filii vel servi primum, deinde servi manumissi, vel filii emancipati, ita ut actio detur in manumissum ex quo manumissi res gesta, cum priori casu nulla competeret, detur contra emancipatum in solidum, cum priori casu non nisi quantum facere poterat daretur.*

L. 17.

Ex gestu autem ejus qui dum servus esset

negotia domini sui gessit, neg. gest. obligatio
contrahi non potest, cum nulla possit inter dominum et ejus servum obligatio consistere.

*Constat venire in judicium mandati vel negot.
gest. et quod in servitute gestum est.* Quia tunc
posterior actus trahit ad se priorem : ita ut eo
casu præstentur reliqua utriusque administra-
tionis quarum una non potest separari ab altera. V. L. 13. Tut. et rat. dist. L. 3, § 8 de contr.
tutel. act. ; L. 5, § 5 de admin. et per. tut. L. 11.
C. de arb. tut. L. 21, neg. gest.

D'après la loi 21 C., h. t., il en serait de même
s'il s'agissait de l'esclave d'un autre. Excipe, l. 3.
C. an serv. pro suo fact. post manum.

*Ex contractibus servi naturaliter obligantur,
non civiliter, ut cum iis agi non possit.* L. 14, 43,
de obl. et act.; L. 13, de cond. ind. Cuj. ait :
Unde hæc regula comprobata : post manumissionem, ex ante gestis, cum manumisso non esse
actionem. L. 1, § 18. Depos. L. 21 pr. eod. L.
37, § 2, de adm. et peric. tut. L. 37, de fideic.
libert. l. 45, § 1, h. t. L. 1 et 2. C. an serv. pro
suo fact. p. man., cujus regulæ ratio hæc est quod
initium spectatur neg. gest. ut L. 15 supr.

Si is qui in servitute alicujus cœpit negotia
gerere, post manumissionem in eodem actu per-
severaverit, actione n. g. tenetur reddere rationem ejus tantum quod post libertatem gessit,
non ejus quod ante libertatem.

L. 18.

A la règle générale que l'esclave ne peut être actionné pour les contrats qu'il a faits pendant qu'il était esclave, la loi précédente pose cette exception : à moins de gestion postérieure qui soit connexe à l'administration antérieure; la loi 18 h. t. pose une autre exception qui vient d'une opinion Proculéienne.

Proculus, Pegasus, Neratius h. l.

Etiamsi utriusque temporis separata fuerit administratio, si ex causa negotii gesti aliquid ei ad quem negotia pertinent naturaliter debere cœperit, cum post manumissionem gerere perseverasset quod ex priori administratione debet naturaliter, et cum posset a semetipso exigere, quippe qui debitor et negotiorum gestor idem est; culpa ei imputanda quod non fecerit, atque ita n. g. tenetur, non quidem ex priori administratione, sed ex culpa in posteriori admissa. L. 13 pr. de cond. indeb.

Selon Cujas, voici l'argumentation des Proculéiens : L'action negot. gest. est de bonne foi; par suite, de même que chaque fois qu'un individu est neg. gest. et débiteur de la même personne, la bonne foi l'oblige à se payer à lui-même, comme neg. gest., ce qu'il doit comme débiteur; de même lorsque l'esclave rend à son maître le compte de son pécule, lorsqu'on l'affranchit, il doit *à semetipso exigere* l'argent qu'il doit naturellement, le retenir sur son pécule, et ensuite payer à celui dont il a géré les affaires.

L. 19 pr.

L'opinion des Proculéiens dont parle la loi précédente se limite donc au cas où il y avait quelque chose dans le pécule *cujus retentione id servari potuit.*

Dans la loi qui nous occupe, Paul discute le fondement de cette opinion, et il dit : que l'esclave qui a géré les affaires étant débiteur naturel, quand bien même il n'aurait rien dans son pécule, il en résultera que dans tous les cas *à semetipso debuit exigere ;* que par suite dans tous les cas il serait tenu de l'action neg. gest., d'où résulterait l'anéantissement de la règle. L'on doit remarquer que la comparaison qu'on fait dans l'opinion Proculéienne, de l'homme libre et de l'esclave, ne vaut rien, car l'un s'est obligé naturellement, l'autre civilement.

§ 1.

Sabinus avait écrit que l'esclave qui *negotia gerit* et est affranchi, *à capite rationem esse reddendam,* doit rendre ses comptes *à capite,* c'est-à-dire, du moment où il commence à avoir un *caput*, un chapitre dans le cens, à être une personne civile. Les Proculéiens en argumentaient pour dire aux Sabiniens, que Sabinus par ces mots avait entendu qu'à compter de ce moment il serait tenu de toutes ses fautes, et c'en est une de n'avoir pas retenu sur son pécule ce qu'il devait naturellement. Mais Scævola, et après lui Paul, pensent que les paroles de Sabinus signifient qu'à l'époque de la manumission on doit examiner *quid reliquum fuerit ex re domini*; que ce qui a été dépensé auparavant n'est pas *reliquum*, et que, par conséquent, rien qu'en prouvant que certaines sommes ont été dépensées du temps que le gérant était esclave, on n'a pas autrement de compte à en rendre.

Remarquez que Pothier, sur la loi 18 h. t., entend que l'opinion des Proculéiens, que le neg. gest. esclave ne sera tenu de l'administration antérieure à sa manumission, est limitée au cas où *peculium non concessum fuit*. Nous ferons remarquer que ce sens est contraire à ces mots *cujus retentione servari* etc., de plus à ces mots de la loi 19 pr. *etiamsi in peculio nihil habuit*; dans l'opinion de Poth. on aurait dû dire : *etiamsi peculium ademptum sit*.

Cependant l'opinion de ce commentateur parait se fonder avec assez de raison sur un texte de Papinien, L. 37, § 2, de adm. et per. tutor, qui dit formellement que les Sabiniens pensaient que ce qui a été fait par le fils de famille avant son émancipation ne produira action contre lui que *in quantum facere potest, sive peculium sit ademptum, sive non.* Elle peut aussi se fonder sur la loi 2, C. an serv. pro suo facto post manum., qui, parlant d'un esclave actionné par les créanciers qui lui ont prêté de l'argent avant son émancipation, dit : *nulla adversus te actio competit, maxime cum peculium tibi non esse legatum proponas.*

Quant à la première loi, nous ferons remarquer, en faveur de l'opinion de Cujas, qu'elle n'est pas dans la même espèce que la loi 18 précitée. Dans cette dernière, en effet, il s'agit d'un esclave, c'est-à-dire, d'un individu contre qui le droit civil n'accorde pas d'action, parce que ce n'est pas à proprement parler une personne; au contraire, dans la loi 37 de adm. et per., il s'agit d'un fils de famille contre qui on a action avant son émancipation. Seulement, lorsqu'il est émancipé, le préteur lui accorde une sorte de bénéfice de compétence, et, au sujet de ce bénéfice, s'élève la question de savoir si ce bénéfice appartient au fils à qui on laisse son pécule, question résolue afffirmativement par les Sabiniens, mais, comme on voit, bien différente de la nôtre.

Quant à la loi 2 C. précitée, elle commence par établir d'une manière générale que les créanciers n'ont pas d'action, puis elle ajoute : *maxime cum peculium tibi non esse legatum proponas.* C'est qu'en effet le pécule est une universalité qui a ses dettes qui sont celles de l'esclave ; le détenteur du pécule sera donc, comme tel, actionné *de peculio* : c'est là un point sur lequel il n'existe pas, à notre connaissance, de dissentiment, et ce n'est pas, à coup sûr, le point de difficulté de la loi 18 précitée. Nous pensons donc que Pothier s'est complétement trompé sur l'intelligence de ce texte.

§ 2.

Obst. L. 13, § 2, Commod. Cujas dit que ce texte donne, non pas une action *mandati*, mais une action *præscriptis verbis* ; le *vel* est là pour *potius* (douteux).

§ 3.

Dans l'espèce, on emploie un tiers pour procéder à l'éviction, parce que l'éviction ne donne lieu à l'action *empti* ou *ex stipulatu* qu'autant qu'il y a eu éviction judiciaire. Le tort que lui ferait éprouver, soit la remise de la chose dans les biens du propriétaire, soit l'exercice de l'action *neg. gest.*, ne serait pas une cause suffisante de recourir contre son vendeur.

Remarquez en passant que cette loi est une

confirmation de ce que dit Gaius, C. IV, § 84, que l'on peut agir pour un autre comme *procurator*, même sans mandat.

Voyez la note sur la loi 8, pr.

§ 4.

Godefroy oppose mal à propos L. 3, § 2, de contr. tutel. act., qui suppose que le tuteur en faute d'avoir laissé dormir une certaine somme, a employé une somme égale de ses deniers pour le bien du pupille, et qui dit que ni d'un côté, ni de l'autre, il ne sera tenu compte des intérêts. Il paraît difficile que, dans l'action *tutelæ*, action de bonne foi, les intérêts ne soient pas dus.

L. 21 pr.

Ce texte décide que, bien que l'affaire d'un captif (celui qui a donné sa parole de revenir, l'étant encore) ait été gérée par un captif, néanmoins, quand ils sont libérés, naît *ultro citroque* l'act. neg. gest.

§ 1.

Si pupilli res fuisset ab initio, non solidum teneretur, sed in quanti locupletior factus est.

§ 3.

Obst. L. 16. Depos. — Réponse. Il s'agit dans

cette loi des dépositaires *qui præstant tantum dolum.* L 23. de reg. jur. Cujas.

L. 23.

Obst. L. 20, § 11, qui dit que le possesseur de l'hérédité *qui indebitum exegit* ne doit pas le restituer au véritable héritier.

Réponse. La restitution n'a pas lieu au cas de pétition d'hérédité, parce que la pétition de l'*hérédité* ne peut comprendre ce qui a été payé indûment, qui n'en fait pas partie. Au contraire, en matière de gestion d'affaires, l'*exactio indebiti* a été faite *nomine domini*; le *neg. gest.*, qui ne doit faire aucun gain dans sa gestion, doit restituer ce qui a été payé indûment, non pas comme faisant partie des biens du maître, mais comme ayant été perçu à son intention (Cujas).

L. 24.

Obst. L. 13, de acq. r. d., et Paul. sent. V. 2, § 2.
Accipe nostram legem de eo qui mandatum non habet secundum subjectam materiam, quanquam procurator male dicatur.

L. 25.

Cujas dit qu'il s'agit dans cette loi du cas où un individu ensevelissant le défunt a dépensé plus qu'il ne faut; dans ce cas, dit-il, l'action *funeraria*, qui n'est qu'une action utile *neg. gest.*, ne fera obtenir à celui qui a fait les frais des funérailles, que *quod præstari debuerit*. En passant, il faut remarquer que ce fait d'avoir donné la sépulture au défunt ne peut donner lieu à une action *neg. gest.*, par la raison que l'on ne gère pas l'affaire de l'hér. L. 1, de relig.; on gère bien celle du défunt, mais cela ne donne pas action *neg. gest.* contre lui qui n'est plus soumis à aucune action. Cela ne donne pas non plus action contre l'hérit., parce que, dit Cujas, on ne peut y appliquer ces mots de l'édit du prêteur : *sive quis negotia quæ cujusque, cum is moritur, fuerint, gesserit.*

Il y a aussi cette différence entre l'action *funeraria* et l'action *neg. gest.*, que la première est donnée contre l'hérit. même malgré sa prohibition. L. 14, § 3, de relig.

L. 26.

Obst. L. 46, § 1, de adm. et per.

D'après notre loi, l'insolvabilité de l'*actor reipublicæ* regarde le pupille, mais non ses cogérants, non plus que les magistrats qui les ont nommés.

La loi 46, § 1 de admin. et peric., nous dit que les curateurs *reipublicæ* ne sont pas responsables de leur insolvabilité, comme les cotuteurs le se-

raient (envers le pupille); mais il décide également que cette insolvabilité sera à la charge des
magistrats municipaux.

Cujas dit que dans l'espèce de la loi 26 neg.
gest., l'insolvabilité a eu lieu après l'éviction de
la république; et, par suite, les *actores* étaient
en quelque sorte gérants de l'hérit.; dans l'espèce de la loi 46, § 1, l'insolvabilité est arrivée
avant l'éviction, et les magistrats sont en faute
de n'avoir pas ôté l'administration à l'insolvable.
(Rien n'autorise à le supposer).

L. 29.

*Et quo antequam nasceretur infans gessit, et
quo postea quam natus sit.*

Quia tenetur actione tutelæ, quod a se non
exegerit id quod ex prima temporis administratione debebat.

On peut même dire, en supposant l'enfant né
à l'époque de sa conception, que, pendant tout
le temps, il y a eu tutelle.

Dans le cas où le posthume ne naît pas, notre
loi accorde une action *neg. gest.*; ce doit être
une action *neg. gest.* utile, car le tuteur nommé
n'a pas l'intention de gérer les affaires, et encore
moins de gérer les affaires de celui pour qui il les
gère effectivement. V. L. 24, de tutel. et rat. distr.

L. 30.

Decreto ordinis. La curie.

Les tuteurs, les magistrats municipaux, le curateur et le subcurateur sont solidaires entre eux ; ils sont censés, étant chacun chargé pour le tout, gérer l'affaire l'un de l'autre.

L. 31 pr.

On suppose un individu qui donne de l'argent à un mandat., pour les affaires du mandant, par intérêt pour le mandant. L'argent n'a pas été employé aux affaires du mandant ; par suite, pas d'action *creditæ pecuniæ* possible contre lui ; sera-t-elle possible dans l'espèce de la loi ? Cependant il faut reconnaître qu'on aura au moins contre lui la condiction, V. L. 7. C., mandat ; non, car ce n'est pas à lui qu'on a voulu prêter. Du reste, quand même elle serait possible, et elle le serait dans certaines circonstances, cela ne fera rien quant à la question de savoir quelle action on aura contre le maître. On ne pourra avoir l'action de mandat, car le prêt a été fait à son insu. Pourra-t-on avoir l'action *neg. gest.*? non, car l'argent n'ayant pas tourné à son profit, *negotium gestum non est*. Aussi Papinien donne-t-il une action *neg. gest.* institoire utile, ou quasi-institoire. Il en sera de même du fidéjusseur de cette obligation, par la raison que le fidéjusseur ne peut avoir d'action, alors que le *dominus* n'est pas tenu. Nous ferons remarquer néanmoins que, bien que la décision de Papinien soit hors de doute, elle est néanmoins singulière quant au fidéjusseur. Du moment, en effet, que l'on reconnaît que le *dominus* peut être actionné par une action quasi-institoire, le fidéjusseur, en payant pour lui, a réellement géré son affaire, et, par suite, rien ne devrait s'opposer à ce qu'on lui accordât l'act. *neg. gest.* ordin., comme à tout fidéjusseur qui a répondu *insciente domino*. V. ant., L. 10, § 5 mand.; L. 19 pr. de instit. act.; L. 5, C. de inst. act.

Accurse oppose à cette loi L. 7, C. mand. qui accorde au créancier une action *mandati* contre le *dominus*. Nous ferons remarquer avec Cujas que, dans cette loi, on suppose évidemment un mandat du *dominus* à celui qui prête.

§ 1.

En gérant les affaires de Sempronius, je gère les affaires de Titius qui y sont mêlées. Je suis tenu par l'action *neg. gest.* utile envers Titius, bien que je n'aie pas eu l'intention de faire son affaire, et réciproquement lui envers moi. La loi 22, § 10 mand., quand elle parle d'une action *in factum*, entend l'action *neg. gest.* utile.

Mais serai-je tenu envers Sempronius? Papinien répond affirmativement. Mais pour cela il faut supposer que Sempronius a un intérêt à l'administration des affaires de Titius, v. gr., parce qu'il est son mandataire.

Idem in tutore juris est, c'est-à-dire que, si, en gérant les affaires d'un tuteur, je gère celles de son pupille, *idem juris est*.

§ 2.

On suppose, dans la première partie du texte, un contumace qui, après avoir fait *litis contestatio*, se cache *ne res ad exitum perducatur*. Contre les contumaces, il y a une procédure particulière qui déroge à la règle posée dans la loi des Douze Tables, qu'aucune action ne pourra être poursuivie, si ce n'est toutes parties présentes. Pour éviter cette procédure, un de ses amis se présente pour justifier les causes de son absence. Il n'en a pas moins été condamné; il n'y a pas eu d'appel : on demande si l'ami sera tenu de l'action *neg. gest.* pour n'avoir pas appelé? Papinien répond négativement, et une note d'Ulp. donne la raison de cette décision : *Hoc verum est quia frustrator condemnatus est;* et en effet, un jugement rendu contre un contumace n'est pas susceptible d'appel. L. 73, § 3 de Judic.; L. 13, § 4, C. eod.; quæ appell. non recip.; L. 23, § 3, ff. de appell.

S'il s'agit d'un *defensor* dans les circonstances ordinaires, il sera en faute de n'avoir pas appelé.

Une femme ne peut être ni tutrice, ni curatrice de ses enfants, à moins de l'avoir spécialement obtenu du prince. L. 18 de tut. V. quoq. L. 2 C. quando mul. tut. offic. fung. poss. Mais elle peut administrer les biens de son enfant, si le père l'en a chargée par son testament. Dans ces circonstances, entre la mère et l'enfant il y aura non action de tutelle, mais *neg. gest.*; elle ne peut faire ce que fait un tuteur.

1° Non potest periculo suo Titium causa actorem constituere;

2° Non recte rem pupilli deducit in judicium;

3° Nec agit recte nomine pupilli cum fœmina non possit esse procurator nisi in rem suam, L. 4, C. de proc.;

4° Nec rem pupilli alienare potest;

5° Nec debitorem liberare. — A cette dernière règle obst. L. 88 de solut. Dans l'espèce, il s'agit d'un mandat donné par la mère, par conséquent d'une dette à l'égard de la mère et non à l'égard du pupille; remarquez aussi le renvoi que l'on fait aux juges : *subest enim illa ex jurisdictione pendens quæstio.*

Il est vrai qu'en ce sens, il n'y a pas antinomie, mais elle existe en ce que la mère semble avoir le pouvoir d'aliéner les choses de sa fille, quoique n'en étant pas tutrice; à quoi bon, en effet, discuter la question de savoir si l'*argenta-rius* est libéré envers la fille, s'il est vrai que l'aliénation ne soit pas valable à son égard?

§ 7.

Un seul défendant pour une servitude d'aque-duc qui existe au profit d'un fonds commun peut récupérer de son copropriétaire sa part des frais du procès par l'act. *neg. gest.*, dit Papinien.

Cette décision est contredite par la loi 6, § 2, comm. divid., dans laquelle Ulpien nous dit que Papinien décidait que, chaque fois qu'on a géré l'affaire commune en gérant la sienne, sans avoir pu faire autrement, on aura contre ses copro-priétaires l'action *communi dividundo*, et dans le cas contraire seulement l'action *negotiorun gest.* — Or, dit-on dans l'espèce, on a bien géré l'affaire commune par nécessité en gérant la sienne, car la loi 4, § 3, si servit. vindic., nous dit que le procès sur une servitude intentée par l'un, s'il est vainqueur, servira aux autres, la servitude étant un droit indivisible.

La loi 19, § 2, comm. divid., nous dit que Pomponius, au cas où *via debetur duobus per eumdem locum* et où *alter eam refecit*, accordait à celui-là contre l'autre une action *communi di-vidundo ;* mais Paul regarde cette décision comme dure, et accorde seulement une action *neg. gest.*

Si l'on examine attentivement ce texte de Paul, on verra que son avis ne contredit en rien celui attribué à Papinien par la loi 6, § 2, *comm. divid.;* celle-ci suppose, en effet, deux individus ayant une chose commune, et l'un, administrant cette chose commune, administre forcément la part de l'autre, et Papinien donne une action *communi dividundo.* Dans la loi 19, § 2, au contraire, on ne suppose pas deux individus ayant une chose commune, on suppose deux individus ayant chacun un fonds distinct, et attachée à ce fonds, chacun une servitude de passage sur un troisième fonds, servitudes distinctes, mais qui s'exercent sur un même endroit. Un d'eux répare ce terrain sur lequel s'exerce ce passage; sans doute il a géré l'affaire de l'autre; mais il n'y a rien de commun, rien par suite qui puisse faire penser à l'action *communi dividundo.* L'opinion de Paul est donc tout à fait raisonnable et nullement contraire à ce qui est dit dans la loi 6. Ce qui prouve la vérité de ce que nous avançons, ce sont ces mots : *si per eumdem locum via*, etc.; on suppose donc deux servitudes et non pas une, car autrement il serait très-inutile de dire qu'elles s'exercent *per eumdem locum.* Ce qui le prouve encore, c'est cette phrase : *Quæ enim communio juris separatim intelligi potest?* qui signifie : Comment supposer une servitude commune sépaément, c'est-à-dire, quand le fonds dominant n'est pas commun, ou autrement, quand il y en a plusieurs? et dans l'hypothèse où il s'agit d'une servitude commune, Ulp. donne l'act. *pro. soc.* ou *communi divid.*, ce qui revient au même. L. 52, § 12, pro. soc.

Quant à l'antinomie de la loi 6, § 2, comm. div., et de la loi 31, § 7, de neg. gest., nous croyons que l'on peut concilier en disant que les deux actions concourent et que le gérant aura à son choix l'act. *comm. divid.* ou *neg. gest.*

Cujas et Vinnius expliquent l'antinomie en disant que *juris non est communio;* nous croyons avec Pothier qu'on doit rejeter cette conciliation.

L. 32.

La loi qui nous occupe suppose un individu ayant deux dettes envers le même créancier, lui ayant donné pour chacune de ces dettes un gage différent, et pour l'une séparément un fidéjusseur.

Ce fidéjusseur, par une erreur de droit, paye les deux dettes, et s'empare des deux gages dans l'intention de les garder tous deux, tant qu'on ne lui aura pas payé le tout; c'est ce que signifient ces mots, *confusis prædiis*, et qui doivent s'entendre, *confuso pignorum jure.* Mais il s'est trompé, en ce que les deux dettes, comme les deux gages, sont distinctes, par suite, à l'égard de celui qui garantissait la dette qu'il était chargé de cautionner, il pourra actionner par l'action *mandati* pour qu'on lui restitue ce qu'il a payé; d'un autre côté, il pourra être actionné *mandati* pour la restitution du gage qu'on lui avait donne mandat de libérer, mais il ne sera tenu de le restituer évidemment qu'autant qu'on le payera, parce que *mandato bona fides inest*. V. L. 2, de pignor.; L. 1, C. de dol.

Quant au gage qui garantissait la somme qu'il n'avait pas mandat de payer, on doit dire qu'il n'en est pas devenu propriétaire, parce que telle n'était pas son intention; mais, d'un autre côté, il n'aura pas l'action de mandat, et on ne l'aura pas contre lui; par suite il sera obligé d'intenter l'action *neg. gest.*, ou d'y répondre; il aurait aussi l'exception *doli*, L. 1, pr. quib. mod. pign. vel hyp., mais qui semble inutile, l'action *neg. gest.* étant de bonne foi.

Remarquez qu'à l'égard de la seconde créance et du second gage, on doit supposer que le fidéjusseur n'avait pas intention d'acheter la chose donnée en gage, car s'il avait payé la dette comme prix d'une vente, on ne pourrait rien lui réclamer à cet égard. C'est pour bien déterminer que telle est son intention que Papinien suppose une erreur de sa part; sa volonté est de se faire payer, et pas autre chose.

A l'égard de la dette dont il était fidéjusseur,

3.

on doit remarquer que, quand bien même il aurait en payant voulu acquérir la propriété du gage, il n'en serait pas moins tenu de le restituer par l'action *mandati*, parce qu'ayant reçu mandat de libérer le gage, *dolo facere videtur qui eum acquisiit nec restituit*, et c'est dans ce sens qu'on doit entendre la loi 1, C. de dolo, qui, en parlant de l'action de dol, a entendu seulement le dol qui, dans l'action de mandat, tombe dans l'office du juge, et peut donner lieu au *jusjurandum in litem*. V. Cujas, lib. 3-37. Du reste, il faut remarquer que le gage ne peut être dans les mains du fidéjusseur que de deux manières, comme chose détenue à titre de simple possesseur dans l'intention de la restituer, mais elle ne peut, à moins de convention contraire, être tenue à titre de gage. L. 2, de pign. et hypot.

La loi 2 C. de fidej. considère néanmoins le fidéjusseur comme ayant *jus pignoris*, ce qui forme antinomie complète avec la loi 2 in fin., de pign.

L'*extraneus*, suivant son intention, pourra devenir propriétaire du gage en l'achetant, ou libérer simplement la créance et détenir le gage simplement. Dans le premier cas, on n'a rien à lui demander; dans le deuxième cas, on pourra ou intenter la revendication du gage contre lui, auquel cas il sera admis à opposer l'exception de dol, tant qu'on ne le payera pas, ou intenter l'action *neg. gest.*, auquel cas son payement est compris dans l'office du juge. L. 1, pr. quib. mod. pign. solv. L. 21, C. de pign. et hyp.; il pourra aussi intenter l'action *neg. gest.* pour se faire payer; en un mot, il sera tout à fait dans la même position que le *fidejussor* pour la créance qu'il n'a pas garantie, fidéjusseur qui, lui-même, s'il avait eu l'intention d'acheter, serait dans la même position que l'*extraneus* ayant eu cette volonté.

Supposons maintenant un troisième cas : c'est un créancier gagiste, mais en second ordre, qui a payé le premier créancier. La plupart du temps ce sera pour consolider son droit et non pour acquérir la propriété de la chose; mais si on ne le paye pas, il pourra vendre le gage et se rembourser, sur le prix de la vente, et de l'argent qu'il a prêté et de celui qu'il a payé. L. 5 pr., de distract. pign.

Dans le cas même où la chose aurait été vendue par le premier créancier et achetée par le second, on suppose que pareil acte n'est pas fait dans l'intention d'acquérir la propriété, et on permet au débiteur de reprendre la chose en payant, *quamvis emptionis titulo ea tenuerunt.*

Telle est l'explication de cette loi, qui devient facile quand on comprend bien pour quel motif Papinien a supposé l'erreur du fidéjusseur.

§ 1.

Obst. L. 25 pr., depos. Dites que dans la loi
25, la fille était présente à la prise de possession
du père. Cette loi est de Papinien du même
endroit.

L. 33.

Obst. L. 3, Cod., de crim. expil.

Il s'agit dans cette loi d'une *expilatio* postérieure au décès; dans la nôtre, d'une *expilatio*
antérieure qui n'est pas, à proprement parler, une
expilatio hereditatis.

L. 34.

Argumento erat heredibus nepotis quod aut
avia alimenta pupillo decerni non desiderasset,
aut prætor non decrevisset. Argumento est et
quædam constitutio *Severi scilicet et Antonini.*
L. 1, C. neg., gest. qua significatur neminem
posse repetere quod urgente pietate in res pupilli
impendisset.

Argumento est quoque, quod mater generi si
dotem dederit, cum se falso putaret obligatam,
condictione indebiti repetere non posse et quod
regula quædam juris est: quod pietatis causa
datur non potest repeti condictione indebiti.
L. 32, § 2, de condict. ind.

Quoad patrem, ipse naturali jure liberis præs-

tandis alimentis cogitur, atque doti quoque præs-
tandæ, etsi non sint in ejus potestate. L. 5 pr ,
de agnosc. et alend. lib. Qua de causa in
ponenda ratione legis Falcidiæ, deducitur dos
æris alieni loco. L. 9, de leg. 20; L. 22, § 4, ad
Treb.

Respondebant heredes aviæ, constitutum quidem in matre, non posse eam alimenta liberis
data repetere, pietatis causa, aliud autem in *avia*,
cum verisimile sit de re ipsius nepotis eum
aluisse. Præterea argumentatum est id quod de
matre constitutum est non esse perpetuum, et si
contra voluisse matrem probaretur, certe repeti-
tioni locum esse, v. gr. si testaretur mater admotis
amicis, alere se ut repetat, vel, si, cum pater
peregrinaretur mox reversurus et impensa solu-
turus, mater de suo familiam aluisset, et pater
peregre decesserit.

Alii dicebant de utroque alimenta patrimonio
capta fuisse, et erciscunda quodam modo erant.

Paulus repetenda esse dicit, *maxime si etiam
in ratione impensarum ea retulisse aviam appa-
rebit.*

L. 35 pr.

Un mari gère les affaires de sa femme après le
divorce. Dans ce cas il est tenu de l'action de dot
d'abord, et ensuite de l'action *neg. gest. quod a
se non exegerit. Hæc ita si dum gerit facere*

potuit ; c'est-à-dire, s'il était solvable, car s'il ne l'était pas, comme il jouit du bénéfice de compétence, *non amplius a se potest exigere quam facere potuit.* Et bien qu'ensuite il soit devenu insolvable, on pourra l'actionner pour le tout par l'action *neg. gest.*, parce qu'il était en faute, *quod a se ipso non exegerit.* Bien que si on lui intentait l'action de dot, il ne pût être actionné que *in quantum facere potest.* Mais cette action *neg. gest.*, qui comprend *quidquid facere potuit*, ne doit être intentée que si *illo tempore*, c'est-à-dire, *initio facere poterat.* Avec cette modification, encore qu'on ne doive pas le forcer à une vente instantanée pour rembourser, il doit se payer quelque temps après le mariage, *ut cessasse videatur.*

A la fin du paragraphe on ajoute que, bien que le mari soit solvable, la femme a toujours intérêt à intenter l'action *neg. gest.*, de peur qu'il ne devienne insolvable. L'estimation de la solvabilité se ferait, d'après ce texte, au moment de la condamnation, autrement il n'y aurait pas d'intérêt à prendre la voie de l'action *neg. gest.*

§ 2.

L'espèce est celle-ci : je vous ai vendu un esclave vicieux, vous avez contre moi une action rédhibitoire qui dure six mois. Avant l'expiration des six mois, je gère vos affaires, je serai tenu envers vous, même après les six mois, de l'action *neg. gest.*, pour n'avoir pas exercé contre moi l'action rédhibitoire; à moins toutefois que, dans les biens du maître, ne se retrouve pas ce qu'il devait offrir au vendeur gérant pour exercer son action rédhibitoire.

Remarquez en passant que, par l'esclave pour lequel on exerce l'action rédhibitoire, on acquiert comme par celui possédé de bonne foi *ex re sua.*

§ 3.

Si neque usurarum ratio querelas movet; c'est-à-dire, si les intérêts ont été stipulés, ou si la somme est due en vertu d'un contrat de bonne foi, de telle sorte que les intérêts courent de bonne foi, sans qu'il soit besoin de recourir à l'act. *neg. gest.*

A l'égard du tuteur débiteur qui ne s'est pas payé à lui-même, il y aura toujours intérêt à l'actionner par l'action de tutelle, parce qu'elle est privilégiée.

L. 36.

Cujas pense qu'il s'agit de l'action *neg. gest.* utile. *Quæ desinit competere si creditori ejus soluta sit.*

A cette dernière décision obst. L. 6. de dol. et

met. except., qui, dans une espèce semblable, accorde une exception de dol et non une compensation *ipso jure.* Cujas dit que c'est là l'application du droit de Marc-Aurèle, § 3o, de act., § 39, eod. Inst. Just., la compensation ayant lieu maintenant de plein droit.

Il semble, du reste, penser que la compensation même *ex alia causa* est comprise dans l'office du juge dans les actions de bonne foi. Il est bien possible, en effet, que tel ait été l'effet de la constitution de Marc-Aurèle, de s'étendre sous une autre forme aux actions de bonne foi.

L. 41.

Ratio hæc est quod actio de peculio ex contractu cum servo nascitur; hic autem nihil est cum servo contractum sed cum domino.

L'action *neg. gest.* ne comprendra néanmoins que la valeur de l'esclave, parce que c'est pour cela seulement que l'affaire du maître a été bien gérée. V. L. 16 pr., de pecul. leg.

L. 42.

Il peut y avoir intérêt à agir *de peculio,* en ce que l'action *de peculio* comprend la totalité de la dépense au moins jusqu'à concurrence des pécules, et non pas seulement le *quantum* du bien géré. Quant à agir *de in rem verso,* quand on a l'action *neg. gest.*, nous n'en voyons pas l'intérêt, car les deux actions comprendront la même somme, et dans l'espèce elles seront toutes deux de bonne foi.

L. 44.

V. L. 1, C. eod.

L. 45, § 2.

Il n'y a dans ce cas, ainsi que nous l'avons déjà dit, qu'une action utile.

L. 46 pr.

Malgré les termes précis de la loi, Accurse prétend que, dans la seconde espèce de la loi, c'est-à-dire, si le père est tenu *contemplatione filii*, il est néanmoins tenu *in solidum;* il se fonde sur la loi 7, de tutel., qui regarde effectivement le père comme tenu *in solidum*, quand il a géré la tutelle déférée à son fils.

Cujas dit que dans l'espèce de cette loi, si le père a géré la tutelle, c'est non pas *contemplatione filii*, mais *contemplatione pupilli*, ce qui fait qu'il est tenu *in solidum*, non par l'action *tutelæ*, mais par l'action *neg. gest.*, comme dans l'espèce de notre loi. Si le père n'a pas géré, mais seulement *agnovit tutelam*, il a voulu être responsable de la gestion de son fils, il est tenu *quasi jussor* ou *quasi fidejussor*. Il s'agit d'un consentement formel et formellement exprimé, la simple admonition n'aurait pas le même effet. L. 21 de admin. et pericul. tutor. C'est dans le même sens qu'on doit entendre la loi 12, § 6, mand.; quand elle dit que le père, payant *post emancipationem filii*, aura l'action *neg. gest.*, elle entend que le père qui paye, paye *contemplatione domini*, et dès lors a contre lui l'act. *neg. gest.* S'il paye *contemplatione filii*, il aura contre le maître une action *mandati*. Que si le père, après l'émancipation, paye, que ce soit *contemplatione filii* ou *domini*, il n'aura toujours contre l'un ou l'autre que l'action *neg. gest.*

Remarquez que la théorie de Cujas est bien d'accord avec la loi 2 , de adm. et per. tut., mais que la loi 7, de tutelis, semble bien y résister.

L. 47, § 1.

Les mots qui se trouvent dans le texte, entre parenthèses, sont une interpollation de Tribonien, interpollation singulière, car il a laissé dans la compilation Justinienne bien des textes qui se rapportent à la procédure formulaire.

L. 48.

Pothier entend que le frère gérant peut être actionné *neg. gest.* pour libérer le mari de l'action *ex stipulatu* par laquelle il est tenu *dotem reddere fratri*. C'est une dot adventice dont le frère peut stipuler le retour. Ulp. reg. VI, 5. Comme il a géré les affaires de sa sœur, il ne doit pas profiter, ou doit être tenu de lui rendre tout ce dont il a profité; voyez un cas semblable L. 10, § 6, mand.; remarquez aussi L. 12, § 3 in fin., de adm. et per. tut.

L. 49.

Si la chose n'avait pas péri, il y aurait revendication possible; celui qui a acheté serait évincé, et recourrait contre son vendeur qui, par suite, perdrait toujours le prix.

Au moyen d'une subtilité, on parvient à lui faire rendre le prix au propriétaire de la chose volée et vendue.

Remarquez que, d'après Cujas, au moyen de la revendication, on arriverait au même résultat. L. 17 pr., de vind. (Douteux que cette loi ait un pareil sens; elle nous paraît s'appliquer à une vente *post litem contest.*)

Dans un autre texte, L. 23, de reb. cred., Afric. accorde la condictio *sine causa*.

Que si la chose (non furtive) eût été usucapée, il y aurait de même lieu à la condictio *sine causa* du prix. L. 1, C. de reb. alien. non alien. On peut supposer que, dans ce cas, il n'y a pas eu ratification de la vente. V. L. 3, C. de rei. vind.; V. quoq. L. 3o pr., de act. empt.

Que si Titius avait vendu la chose de mauvaise foi, il serait tenu de la revendication ou *ad exhib. quasi dolo possidere desiit.* S'il y a eu ratification de la vente, il y aura seulement action *neg. gest.* L. 3, C. de rei. vind.; V. q. L. 1, C. de his qui à non dom. man.

La seconde espèce de la loi est telle : un individu, croyant être héritier, paye au légataire sa propre chose qui a été léguée. La loi lui accorde contre l'héritier véritable l'act. *neg. gest. Quando quidem*, ajoute-t-elle, *ea solutione liberarer.*

Il est vrai que dans l'espèce il n'a pas voulu obliger l'héritier envers lui, L. 14 pr., et L. 29 pr. comm. div., et par suite, ne devrait pas avoir l'action *neg. gest.*

Il y a réellement libération de l'héritier par ce payement. L. 44, de cond. indeb.; L. 8. eod.

DE MANDATO.

Dig., lib. 7, tit. 1.

MANDATI VEL CONTRA.

L. 5, § 3.

De ces mots : *non obstabit mihi exceptio*, il résulte, *a contrario*, que c'est au moyen d'une exception qu'est défendu celui qui a acheté une chose d'un mandataire; indè, antinomie avec la loi 9, § 4, de acq. r. d., qui regarde un mandataire comme capable de transférer la propriété de la chose de son mandant.

L. 6, § 4.

Obst. L. 8, § 6. — Pothier n'en parle pas.

Il faut prendre le mandat *alicujus tantum gratia*, comme un fait constant en droit romain. L'explication qu'on donne de la validité d'un pareil contrat est celle-ci : il est vrai que le mandat que je donne pour l'avantage exclusif d'un tiers ne produit pas d'obligation immédiate pour le mandataire, mais, s'il l'exécute, il aura contre moi l'action *mandat. contraria*, L. 6, § 5, h. t.; même il se peut que, pour avoir chargé une personne des affaires d'une autre, je me trouverais responsable envers ce tiers de la gestion de ce mandataire, L. 28, neg. gest. Ainsi le mandataire agit par l'act. *contraria;* si le mandat est exécuté, le mandant agit par l'action directe à cause de l'intérêt né postérieurement (Vinn., § 3, mand. Duc. eod.).

Noodt lit : *Si tibi mandavero quod mea intererat.*

L. 8, § 5.

Obst. L. 54, § 1, h. t., qui, lorsque l'acheteur a affranchi l'homme libre, lui refuse recours en garantie ; voyez la raison de cette décision, L. 25, de evict.; L. 47 pr., de ædilit. edict.

La *stipulatio dupli non committitur nisi judicio.* L. 24. de evict. Mais l'action *empti* a lieu pour toute espèce d'éviction d. l. La loi 8, § 5, parle de l'action *empti;* la loi 54, § 1, parle de la stipulation *dupli,* c'est la conciliation de Cujas.

L. 9.

De tuo facto, v. gr. s'il a hypothéqué la chose, ou affranchi l'esclave. — L. 18, de rei vind.

L. 10, § 3.

V. L. 32, § 2, de us. et fruct.

In usuras convenietur, quæ legitimo modo in regionibus frequentantur.

La loi 38, *neg. gest.*, impose au mandataire *qui*

pecuniam ad suos usus convertit, maximas usuras;
aussi Cujas, pour concilier, transpose ces mots
quæ legitimo, etc., et les place au commencement du paragraphe, après ceux-ci : *utique usuras mihi pendet.*

§ 4.

La raison de cette décision est celle-ci : que
l'affaire pour laquelle on donne mandat doit être
telle que le mandant puisse la faire lui-même ;
or, il est évident qu'il ne peut se prêter d'argent.

§ 5.

Le créancier aurait de même une action *quasi
institoria.* L. 19, de inst. act.

Réciproquement, le créancier ou vendeur est
tenu envers le débiteur ou acheteur, par une
action instit. utile. L. 13, § 25, de act. empt.
Avec cette différence, que cette action n'est donnée à l'acheteur qu'autant que le mandant est
en danger de perdre la chose, si elle était remise
dans les mains du procureur. L. 5, de stip. præt. ;
L. 1, in fin. ; L. 2, de inst. act. — (Cujas, ad
leg. 19 de inst.)

§ 8.

Ne pourrait-on pas dire que s'il a prêté l'argent *sub usuris suo periculo, quasi convertit ad
usum suum*, et que dès lors il serait tenu des

usuræ majores. — L. 38, neg. gest. Cela semble contraire à l'opinion de Labéon, puisqu'il refuse l'action *mandati*, la seule qu'on pût donner pour obtenir ces *usuræ*.

§ 12.

Minus honestam; v. gr., exceptio ex edicto quod quisque juris. Si creditor alio in judicio postulans id obtinuerit, ut fidejussores non conveniantur ante excussum reum principalem. Exceptione quod quisque juris, uti mandator vel fidej. potest, quam tamen si omiserit nihilominus mandati actione potest experiri.

La fin du paragraphe parle du bénéfice de discussion; ce bénéfice existait du temps de Papin., nov. 4, cap. 1. Ce bénéfice de discussion exista toujours pour les fidéjusseurs du fisc. L. 4 Cod. quando. fisc. vel pri. Mais ce bénéfice fut supprimé avant Justinien, et depuis Caracalla ou plus tard. L. 5 et 19, C. de fidej. L. 62, ff. eod.

Le texte de Scævola (l. 62) ferait remonter l'abolition du bénéfice de discussion au temps de Cicéron, s'il n'était pas suspect, en raison de la facilité avec laquelle on a pu le plier par interpollation au système en vigueur au moment de la publication du Digeste. (La Novelle qui rétablit le bénéfice de discussion est de six ans postérieure à 539.) Le texte d'Ulp., postérieur à Caracalla, pourrait jeter des doutes sur la ques-

tion de savoir si le bénéfice de discussion était
bien réellement aboli du temps de cet empereur, et former antinomie avec la loi 62 de fidej.
Mais parle-t-il bien réellement du bénéfice de
discussion? Il semble plutôt exprimer un rap-
port du fidéjusseur et du débiteur, qu'une exception opposée au créancier. Cependant cette
mise en son lieu et place du débiteur principal
qui judicium suscipit suo nomine, si elle n'est
pas le bénéfice de discussion, y ressemble bien.
— Néanmoins ces mots *suo nomine* pourraient
trouver autre part leur explication ; on pourrait
entendre par là que *reus suscipit litem* comme
cognitor ou comme *procurator*. V. fr. Vat. § 317.
Mais cette explication fait tomber dans un autre embarras ; on suppose l'exception personnelle au débiteur principal, et l'on dit que le fidéjusseur sera coupable de ne pas l'opposer,
parce qu'il aura pu convenir *reum principalem
et desiderare ut litem suscipiat;* mais, de deux
choses l'une : ou le fidéjusseur a droit lui-même
d'opposer les exceptions qui compètent à son
débiteur, et alors inutile de faire agir le *reus*
(il n'est pas douteux qu'il en soit ainsi. L. 15
pr. de fidej.); ou il n'aura pas ce droit, et dès
lors, soit comme *procurator*, soit comme *cognitor* du fidéjusseur, comment supposer que le
reus lui-même le puisse, surtout comme *cognitor*, puisque, lorsqu'il y a *cognitor*, c'est le dé-

4.

fendeur premier qui est en cause? On pourrait
peut-être sortir d'embarras en disant qu'à la fin
comme au commencement du paragraphe, il
s'agit d'une exception *minus honesta*. Que dans
le premier cas elle compète au fidéjusseur seul,
et dans le second au *fidejussor* et au *reus*, de
telle sorte que cette voie détournée donne au
fidéjusseur un moyen de concilier son intérêt et
ses scrupules, et de faire opposer, par le *reus*,
cette exception *minus honesta* qu'il ne veut pas
opposer lui-même. Reste toujours la difficulté du
facultatem conveniendi rei. (Poth., oblig. 441.)

L. 12 pr.

Voyez sur cette loi Pothier et Cujas ad leg. 26,
§ 3 eod. Voyez la manière dont il explique que
la donation faite au fidéjusseur ne peut pas lui
attribuer l'action de mandat, par la raison qu'il
n'a rien payé, car autrement ce ne serait pas
une donation. — Observez que toutes ces raisons
sont assez subtiles.

§ 2.

Pothier, après Barthole et Godefroy, donne
pour raison de ce paragraphe, que, pour attribuer au père ou au maître l'action de mandat,
il faudrait une double fiction : une première, pour
supposer que le fils a payé lui-même ce qui a
été payé pour lui ; une seconde, pour acquérir

action au père en vertu de ce payement, ce qui est contraire à la règle que *duplex fictio non admittitur*.

Il nous semble que cette raison n'en est pas une, et qu'on peut, sans fiction aucune, et par le simple effet des principes, attribuer au père et surtout au maître tout ce qu'acquiert son esclave ou son fils.

Il nous paraît même impossible d'admettre que dans le cas où la donation est faite à l'esclave, le maître ne puisse avoir l'action de mandat, car l'esclave ne l'ayant pas définitivement, cette donation qu'on a voulu faire au fidéjusseur tournerait au profit du débiteur principal ; même il devrait dans les principes purs en être de même à l'égard du fils. Ce n'est que sous Justinien que toute donation faite au fils a été regardée comme une partie de son pécule : Ulpien n'a donc pas pu écrire sans distinction, que le père n'agirait pas *mandati* contre le créancier libéré par le payement fait pour son fils fidéjusseur. Dans le système de Justinien, ceci peut être vrai par suite de sa nouvelle législation sur les pécules, mais ceci n'est vrai qu'à l'égard du fils, et non à l'égard de l'esclave ; aussi serions-nous assez portés à croire que ce texte a été interpollé par Tribonien, et même assez maladroitement, et que l'on doit supprimer les deux négations qui se trouvent dans le paragraphe ; ce qui ferait dire à

Ulpien une chose vraie de son temps; tandis que, tel qu'il est, ce paragraphe est, au moins pour un des cas, une erreur, même sous la législation Justinienne.

L'exactitude de cette observation nous semble confirmée par ce que disent les paragraphes suivants, qui accordent l'action de mandat au maître dont l'esclave a payé (§ 3) au père dont le fils a payé même seulement sur son pécule; et à tout prendre, même en supposant que la donation qui résulte de la libération du fils ou de l'esclave, dans le cas qui nous occupe, soit faite réellement au fils ou à l'esclave, elle entre dans son pécule; donc il paye avec son pécule, donc le père doit avoir l'action de mandat : on ne voit pas de raison pour en douter; celle alléguée par Pothier n'en est pas une.

§ 4.

Pourquoi, quand le fils paye sur son pécule, le père a-t-il l'action de mandat? Il semble qu'à cet égard le fils étant propriétaire du pécule, et pouvant l'aliéner, le père n'est pas appauvri, il n'a rien payé de *suo*.

Peut-être peut-on dire qu'en principe, toute action qui est acquise par le fils l'est au père, que le pécule du fils a été primitivement semblable à celui de l'esclave appartenant de même au père, qui devenait plus pauvre ou plus riche,

suivant que le pécule augmentait ou diminuait ;
on peut supposer que l'action de mandat acquise au père (et l'on comprend pourquoi dans
cet état de choses) a continué à lui être acquise
plus tard.

On peut supposer qu'il ne s'agit pas ici du
pécule proprement dit, mais de l'ancien pécule.

On pourrait supposer (mais ceci demande confirmation, et paraît même invraisemblable) que
ce qui est acquis *ex peculio* ne fait pas partie du
peculium. De telle sorte que l'action de mandat
dans ce cas n'en ferait pas partie. (A examiner.)

§ 5.

Même observation que sur le paragraphe précédent. Remarquez en outre que, contrairement
aux principes rigoureux, le père qui paye, lorsque son fils est *mandator,* aura l'action de mandat. Il semble qu'il ne devrait avoir que l'action
neg. gest. Peut-être cela part-il de l'idée que le
père et le fils ne sont qu'une seule et même personne, ou à peu près, et confirmerait cette con-
jecture donnée précédemment, que l'acquisition
du pécule au fils en pleine propriété n'a que peu
modifié le droit dans les rapports de créanciers
et débiteurs du fils avec le père. Cette observation peut être encore fortifiée, en ce que l'opi-

nion rapportée dans ce paragraphe est de Neratius, jurisconsulte qui vivait sous Trajan et
Adrien, c'est-à-dire, à une époque où la législature
sur les pécules n'était pas encore bien fixée ou
venait de l'être; ce serait une décision semblable
à celle qui, lorsque le fils était mort intestat,
faisait revenir le pécule au père, *tanquam suum*,
au lieu de le faire héritier.

§ 6.

Pourquoi ne donne-t-on au fils qu'une action
de mandat *in factum* s'il paye après son émancipation? La raison en est, que l'action, bien
que naissant d'un fait postérieur à l'émancipation, vient néanmoins *ex contractu*; que ce contrat, antérieur à cette émancipation, n'a pas pu
obliger le fils *ipso jure*, G. II, 96. L. 9 et 13 de
oblig. et act.; par suite, n'étant pas tenu du mandat directement, il ne peut non plus l'invoquer
directement. Celui qui est obligé par l'action de
mandat *ipso jure*, c'est le père; *ipso jure* donc, il
pourrait intenter l'action de mandat s'il payait
après l'émancipation de son fils; cependant notre texte ne lui donne que l'action *neg. gest.* La
raison qu'en donne Pothier, c'est que, bien que
l'action de mandat contraire naisse *ex contractu*,
cependant elle naît *ex post facto*, et que le mandat suivant le fils émancipé, le père après l'é-

mancipation ne peut exercer l'action contraire qui naît du mandat. Il prévoit lui-même cette objection, que, dans un contrat conditionnel, le père acquiert l'action, bien que la condition arrive postérieurement à l'émancipation, parce que la *conditio retrotrahitur*. Il dit qu'il existe entre les deux cas une différence que nous ne comprenons pas bien.

Nous croyons que de deux choses l'une : ou lorsque le fils s'oblige *mandati* sans le *jussus* du père, celui-ci, s'il paye, ne doit avoir que l'action *neg. gest.*, parce que *obligationem suam non fecit*, ou que, si on lui accorde l'action *mandati* par respect pour l'ancien ordre des choses, il faudra la.lui accorder même après l'émancipation. C'est peut-être pour avoir voulu tenir trop en considération le fait bien réel que le fils qui a un pécule, et qui reçoit un mandat, est seul mandataire, que l'on est arrivé dans notre paragraphe à ne donner au père que l'action *neg. gest.*, tandis que *jure communi* dans les paragraphes précédents on lui donne l'action de mandat.

§ 11.

Il s'agit dans ce texte d'un *adolescens*, c'est-à-dire d'un mineur de 25 ans ; Godefroy renvoie même à la Loi 24, § 4, de min. ; mais en règle *turpis rei mandatum non est*, sans qu'il soit besoin de recourir à l'édit de *minoribus*.

§ 13.

Non contra senatusconsultum accipienti; V. L. 7, § 14, ad. Sc. Mac.; L. 5, Cod. eod.; L. 3, § 1, ff. eod.; L. 1. Cod. eod.

V. q. L. 4, Cod. eod.; L. 12, ff. eod.; L. 16, ff. eod.; L. 7, § 12, ff. eod.

§ 15.

Si tutor mandet pupillo suo *suscipi vel probari nomen quod fecerat* et poterat reprobari.

§ 17.

Nec obstat quod ex juris regulâ actio quæ adversus defectum non cœperat, non possit incipere adversus heredem; nam ex tali mandato etiam defunctus fuit obligatus; statim atque res desiit esse integra, et mandatarius quædam paravit quæ suo tempore exsequeretur (Poth.)

§ 13.

Obst. Lex ult. de solut. et liberat. — Quia mandatum morte mandantis dissolvitur.

L. 14, pr.

L'héritier du fidéj. qui paye le créancier envers, lequel il s'était obligé, a l'action de mandat contre le débiteur principal, ce qui ne contredit pas la

Loi 27, § 3, eod., qui, regardant le mandat
comme dissous par la mort du mandataire, refuse,
à l'héritier qui exécute, l'action *mandati*, parce
que cette loi ne parle que *integro mandato*; or
ici le mandat qui a été donné n'est pas *integrum*,
bien au contraire, puisqu'il consistait à cautionner. L'héritier est tenu de l'action comme l'était
son auteur, et à sa place; le mandat est exécuté,
d'où l'action *mandati contraria in quantum ei
abest.*

On suppose que l'héritier a vendu, l'héritier
lui-même reste héritier, ce sera donc lui qui sera
actionné par le créancier, si la vente est pure et
simple; en effet, bien que l'acheteur ait acheté
*eâ conditione, ut creditoribus hereditariis satisfa-
ciat, excipere tamen actiones hereditarias invitus
non cogitur.* L. 2. C., de hered. v. act. vend.

S'il a payé le créancier, comme en définitive
c'est l'héritier vendeur qui est censé l'avoir payé,
seul il aurait l'action de mandat; mais il sera
forcé de la prester à l'acheteur, en vertu des
stipulations *emptœ et venditœ hereditatis.* Le
bonorum emptor pourrait encore agir par une
action *fictitia*, et obtenir l'action Rutilienne. G.
IV, 35. Il paraîtrait que l'action Rutilienne avait
lieu en faveur du *bonorum emptor*, et non contre
lui. V. G. l. cit. L. 2-5-7-8. Cod. de her. vel.
act. vend. La loi 1, eod., paraît être un cas tout
particulier.

Cette observation dernière n'a d'importance qu'en ce que M. Blondeau, dans une restitution sur le § 81 du comment. III de Gaius, fait dire au jurisconsulte qu'on donne des actions utiles tant pour que contre le *bonorum emptor;* il renvoie au C. IV, où il est parlé d'actions utiles en sa faveur, mais non contre lui, au moins à notre connaissance.

§ 1.

Idcirco is, etc. Remarquez qu'en général dans les textes d'Ulpien sur ce titre, tirés du livre 31 sur l'édit, chaque fois qu'il donne l'action de mandat à un fidéjusseur, c'est parce qu'il y a eu payement, ou parce qu'il trouve quelque chose d'équivalent : *Aliquid abest fidejussori vel mandatori.* Nous avons vu sur la loi 10, § 13, L. 12, pr., § 1 et 2, à quelles conséquences subtiles il est parvenu ; ceci nous porterait à croire que, comme c'est assez son habitude, il commentait à cet endroit l'édit textuellement, et que l'édit portait le mot *solverit.*

L. 16.

Remarquez qu'ici il y a mandat, parce que le malade mandant avait intérêt à ce que cela fût fait ; c'est un mandat *mea causa et aliena*, et plutôt encore *mea.*

L. 17.

Remarquez que cette loi déroge, pour le mandat, à cette règle générale, que c'est au moment de la *litis contestatio* qu'on se doit reporter pour prononcer le jugement, que les faits à examiner sont les faits constants à cette époque. V. L. 18 et 20, de rei vind.; L. 37, de nox. act.

Cependant, dans les actions de bonne foi, le juge avait probablement droit de tenir compte des circonstances postérieures. H. L. Dans l'action en revendication, le défendeur ne peut être condamné qu'autant qu'il possède encore au moment de la sentence, ou qu'il a cessé de posséder par dol. L. 27, § 1, de rei vind.; L. 42 eod. — Voyez pour la réciproque L. 4, de *her. petit.* — L. 18, § 1. — L. 41 pr. eod.

V. q. L. 7, § 4.; L. 8, ad exhib., qui appliquent la même dérogation au principe, à l'act. *ad exhibendum.*

Id. pour le dépôt, L. 1, § 21. Depos.

On peut regarder comme une dérogation analogue au principe, la décision des Sabiniens, *omnia judicia esse absolutoria.* G. C. IV, § 114.

L. 18.

V. L. 53, eod.

L. 20, § 1.

Remarquez la règle, *mandati actio non potest*

competere cum non antecesserit mandatum; elle peut être utile quant à l'appréciation de la théorie proposée pour la conciliation de la loi 6, § 5, et de la loi 8, § 6.

L. 22, § 1.

Remarquez que le payement avant terme ne donne pas lieu à la condiction *indebiti.* L. 51, h. t.; L. 10, de cond. indeb.

Quando nonnullum adhuc commodum meum sit, ut nec hoc ante diem solvam, c'est-à-dire, que le débiteur peut avoir intérêt à ne pas payer avant le terme, même ce reliquat.

La décision de ce paragraphe que, *melius est interim agi non posse,* lorsque l'on a payé *ex mandatu ante diem,* est contredite par la loi 24, § 2, solut. matrim., qui déclare déchu du bénéfice du terme le mari qui ne peut trouver caution pour la restitution de la dot; il sera forcé de payer de suite, mais *deducto commodo temporis,* et ceci quand bien même la femme consentirait à attendre sans caution, *quod quidem hodie magis usurpatur.* Accurse est loin de voir là une antinomie, et dit que la raison de différence vient de ce que dans le cas de la loi 24, solut. matr., le mari qui devait fournir caution ne l'a pas donnée, c'est une sûreté de moins qui doit faire préférer l'action actuelle en déduisant le *commodum temporis,* tandis que dans le cas de notre paragraphe, aucune sûreté n'a été omise, d'où, pas de nécessité d'actionner de suite.

Cujas fait remarquer sur cette explication d'Accurse que, dans l'un comme dans l'autre cas, il y a nécessité de donner caution, parce que cette nécessité est une condition commune à tous les contrats de bonne foi. L. 38, pro soc.; L. 41, de jud. Suivant lui, la vraie raison de différence, c'est que la loi 24 solut. matrim. parle du mari *inope et egeno*, ou qui menace de le devenir, c'est en raison du mauvais état de ses affaires qu'il n'a pas pu trouver caution. C'est en raison de cette insolvabilité que l'on décide que la femme n'aura pas la permission d'attendre, tandis que dans notre paragraphe on la force à attendre. *Hodie magis usurpatur*, dit le jurisconsulte. La conclusion de Cujas est celle-ci : *Ubi debitor in diem labitur facultatibus, si non satis dat, utilius est creditori præsentem ab eo pecuniam exigere, deducto commodo medii temporis; et permittendum utique id ei est ne in damno moretur;* dans le cas contraire, on appliquera la décision de notre paragraphe.

Remarquons qu'au total Accurse n'est peut-être pas si éloigné de Cujas que celui-ci veut bien le dire.

Remarquez ce que dit la loi 24, solut. matrim., que si le mari *cum satis dare posset, nollet,* il sera condamné de suite et sans avoir égard au terme, *non habita ratione commodi temporis ;* en serait-il de même *in aliis judiciis ?*

L'affirmative paraît résulter du système de Cujas.

§ 3.

En droit strict, on ne peut donner mandat que de la chose qu'on peut faire soi-même ; or, le débiteur ne peut acheter la chose donnée en gage par le créancier, d'où il ne peut donner mandat à un autre de le faire. Cependant le mandataire agissant *pour lui* et acquérant la chose *pour lui*, pourra être, par l'action de mandat, forcé à la retransférer au débiteur mandant ; d'où le jurisconsulte dit : *mandatum intelligitur ; licet quantum ad meram rationem mandatum non consistit.* — V. L. 40. pr. de pign. act.

§ 5.

Celui dont les biens *publicata sunt* a cessé d'en être propriétaire ; donc ce mandat n'est pas le mandat *suæ rei emendæ.* L. 65, § 15, pro soc.

Ces mots, *quidquid postea acquiritur non sequitur fiscum ,* se doivent entendre de la *publicatio bonorum* pure et simple qui n'entraîne pas diminution de tête. V. L. 7, § ult. de bonis damnat. (restituée d'après les Basiliques). C'est ce qui concilie notre texte avec la loi 2. C. de bon. proscript.

§ 7.

Ut quæ velles, c'est-à-dire, ceux que vous voudrez et non autant que vous voudrez, la quotité que vous voudrez. Ce *quæ* est traduit dans les Basiliques par l'équivalent de *quæcumque*; cependant Cujas entend : ce que vous voudrez lui donner.

§ 8.

L'action de mandat du maître de l'esclave à son débiteur servira à le faire libérer de l'action *mutui de peculio*.

Ces derniers mots, *quoties suos nummos*, etc., signifient que chaque fois qu'on paye le créancier avec son propre argent, le débiteur n'est pas libéré.

Ces mots : *non referre, alius quis an idem ipse servus nomine tuo, quod pro me solvebatur, acceperit*, signifient que peu importe que tout se passe dans les mains de l'esclave, de telle sorte qu'il joue à la fois le rôle d'emprunteur, de prêteur et de mandataire payant, ou qu'un tiers prenne l'argent du prêteur et le paye à l'esclave.

§ 10.

Ce paragraphe suppose un individu qui s'enfuit pour échapper à ses créanciers ; dans ce cas,

on nomme un curateur, ou par l'autorité du préteur et le consentement de la majeure partie des
créanciers, L. 2, de curat. bonis dando, ou par
les créanciers qui s'entendent pour nommer un
d'entre eux, L. ult. eod.

L'action *in factum* dont il s'agit ici est l'action
utile *neg. gest.* Il suffit de la gestion pour la
faire naître; il faut la volonté pour faire naître
l'action directe. (Cuj.)

Cette opinion de Cujas, qui paraît avoir été
celle de quelques jurisconsultes, est contredite
par la Loi 40. h. t.; il l'avoue lui-même sur cette
dernière loi. La controverse a été résolue dans le
sens de Paul. L. 24. C., neg. gest.

L. 24.

Seu ob inanes rei actiones, Cujas entend à
cause de l'insolvabilité du débiteur; Pothier à
cause de celle du mandataire. Cujas entend que
le débiteur étant insolvable, la renonciation du
mandataire ne faisant pas péricliter l'affaire du
mandant, il pourra toujours être excusable dans
sa renonciation (V. ses notes ad sent., Paul, II,
15). Le sens de Pothier est plus simple.

L. 26, § 2.

*Cum ei pecunia absit, in tantum mandati aget
quantum ei abest.*

Dans le cas où le débiteur délégué l'a été *periculo fidejussoris*, ce dernier pourra-t-il agir *mandati* contre le débiteur principal? — Oui.

Dans le cas où, par erreur, le créancier a reçu la délégation d'un débiteur insolvable qu'il croyait solvable, comme l'action principale n'est pas éteinte, L. 22, § 2, sol. matr.; L. 41, § 3, de jure dot., le fidéjusseur n'aura pas d'action.

§ 7.

Obst. L. 61, § 5, de furt.

L. 27, § 1.

Ces mots, *potest autem et in causa*, etc., sont une réponse que fait le jurisconsulte à cette objection, que l'obligation *quæ non consistit in persona defuncti, consistere non potest in persona heredis*. Et il dit que dans ce cas l'obligation *consistit in persona defuncti*; l'obligation existe tellement *in persona defuncti*, que celui-ci peut agir *si pœnitentia acta servum recuperare velit* (Pothier). On peut reprocher à ce raisonnement d'être un peu subtil.

§ 3.

Si is integro adhuc mandato decesserit; dans ce cas, pas d'action *mandati contraria*, secus dans le cas contraire.

L. 29, § 4.

Gaius nous apprend que certaines personnes, d'après l'édit, ne peuvent être données comme *cognitor*, non plus que donner un *cognitor*; cela formait en faveur du défendeur une exception dilatoire dite *cognitoria*. G. IV. 124. Il paraît que les prohibitions d'être nommé ou de nommer un *cognitor* s'appliquaient de même aux *procuratores*. Fr. Vat., § 323. C'est de cette exception que parle notre loi.

L. 34, pr.

La décision de ce paragraphe repose tout entière sur ce principe que, pour qu'il y ait *mutuum*, il faut que *ex meo tuum fiat;* or, dans le cas du mandataire qui a reçu payement pour le mandant, l'argent est au mandataire, d'où il ne peut recevoir cet argent qu'il a chez lui en *mutuum*. Du temps d'Africanus, ainsi qu'il le dit, on avait admis *benigne*, que si *a debitore meo jussero te accipere pecuniam, credita fiat*, bien que l'argent qui est ainsi l'objet du *mutuum* n'appartienne pas au prêteur. Cependant, en règle, l'argent que reçoit le mandataire est aux risques du mandant; et cette convention qu'il y aura *mutuum*, a le même effet qu'aurait le pacte que l'argent sera aux risques du mandataire, pacte valable. L. 39, h. t.; mais il y aura encore cette différence avec le *mutuum*, que, comme le mandat est un contrat de bonne foi, le simple pacte *se debiturum usuris semessibus* sera valable, tandis que s'il y avait *mutuum*, il faudrait une stipulation pour la rendre obligatoire.

La loi 15 de reb. cred. d'Ulpien donne sur la même question une décision contraire; quelques auteurs ont cherché à concilier ces deux lois. V. la Glose. Mais Cujas et Pothier pensent, avec raison, qu'elles partent de deux doctrines différentes.

La seule difficulté qui nous reste est celle-ci : comment peut-on supposer un cas où un mandataire ait reçu *a debitoribus* une somme d'argent qui ne soit pas au mandant créancier, dans une législation où nous acquérons *per liberam personam, possessionem atque inde dominium ?* Quant au texte d'Africanus, cela s'expliquerait facilement, en ce que ce jurisconsulte paraît antérieur à l'empereur auquel on attribue l'honneur de cette législation. Elle est de Sévère, ou de Sévère et Antonin, Inst. per quas pers., § 5; L. 1. C. de acq. v. amitt. possess.; tandis qu'Africanus est contemporain de Julien, c'est-à-dire, sous Adrien. On voit donc que le texte qui forme la loi 34, mand., a pu être écrit avant le rescrit de Sévère. Mais quant à la loi 15, de reb. cred., elle est d'Ulpien, qui vivait sous Caracalla et Alexandre Sévère, c'est-à-dire postérieurement.

Il paraît plus difficile d'expliquer comment il suppose que le mandataire recevant au nom du créancier, peut avoir *suum* l'argent qu'il reçoit des débiteurs, et il le suppose évidemment, puisque c'est justement pour répondre à l'objection, qu'il suppose la tradition de brève-main.

§ 1.

Remarquez que, d'après notre paragraphe, la question qu'il pose n'a pas d'intérêt, puisqu'on obtiendra par l'action de mandat tout ce qu'on obtient par l'action *empti;* c'est là une opinion de Julien, L. 22, § 4, eod.; et c'est un cas où *quamquam solvatur mandatum obligatio durat.* L. 26 pr. eod. § *Julianus quoque scripsit,* etc.

L. 46.

On suppose dans cette loi que le fidéjusseur cautionne seulement la clause pénale et non l'obligation principale; il paraîtrait que, suivant les idées romaines, *durior causa non erat.*

L. 49.

Obst. L. 36, de acq. r. d.

L. 54 pr.

Si un esclave donne mandat à un tiers de l'acheter, *non consistit mandatum.* Voyez la raison, L. uniq. Cod., si servus extero, etc. Just.

Que si le mandat consiste à faire acheter et à faire affranchir; si la première partie du mandat est exécutée, c'est-à-dire, s'il y a eu vente, *ultro citroque* naîtront les actions de la vente. — Quant au mandat d'affranchir, on peut le supposer valable, parce qu'il peut être donné par le maître. Ce dernier aura donc l'action directe, parce qu'il a un intérêt d'affection; intérêt d'affection qui suffit pour donner lieu à un contrat de bonne foi. Mais le mandataire aura-t-il l'action de mandat de *peculio?* Non, répond Papinien, et on peut voir la raison dans le texte même.

§ 1.

Il semble que la décision de ce paragraphe contredise en partie le raisonnement du paragraphe précédent; comment, en effet, supposer qu'un homme libre puisse donner mandat *se redimi?* Il ne peut se racheter, car il n'est pas vendable. Il s'agit dans cette loi, quand on parle des actions *adversus venditorem*, de la stipulation *duplæ*, ainsi que nous avons dit sur la loi 8, § 5.

L. 57.

On suppose un marchand d'esclaves possédant de bonne foi des esclaves qui sont à autrui; il laisse un mandataire chargé d'en faire la vente. Ce mandataire meurt; mais ses héritiers de bonne foi vendent les esclaves; ils en transfèrent à l'acheteur une possession telle, que celui-ci usucape. Quand le marchand d'esclaves revient, il agit utilement par la Publicienne, et il ne risque pas, dit le jurisconsulte, qu'on lui oppose l'exception *justi dominii*, parce que cette exception est accordée *cognita causa*, et qu'ici, par équité, on ne la donnera pas.

L. 58, § 1.

On suppose que les créanciers d'un défunt ont fait avec son héritier (1), et avec l'autorisation du préteur, une espèce de concordat; il y a eu remise d'une partie de la dette.

Mais un créancier qui a sa créance garantie par un mandator, était absent au moment du contrat: on demande si le mandator actionné par ce créancier aura la même exception que l'héritier. — On répond que si le créancier avait été présent et consentant au contrat, l'exception compétera au mandator. Mais comme il était absent, on regarde comme injuste de lui enlever son droit de fidéjussion, de gage ou de privilége, vu que s'il avait été présent, il aurait pu réserver ce droit. Le mandator ou le fidéjussor qui aura

(1) Notez que cette convention se fait ordinairement avant l'adition d'hérédité, et justement dans le but de faire faire adition.

payé pour le tout, aura recours seulement pour la part non remise; mais si le contrat ne profite pas aux *mandatores,* il profite toujours aux héritiers contre les créanciers même absents, parce qu'il n'a pas besoin d'être consenti par tous, mais seulement par la majeure partie. Mais quand il aura actionné l'héritier, pourra-t-il actionner le fidéjusseur ou le mandator pour le reste? A l'égard du fidéjusseur, la négative semble faire peu de doute, si l'on admet le système de novation par *litis contestatio;* mais, à l'égard du mandator, cela fait plus de doute. Paul répond qu'il n'y aura pas recours, par la raison que *videtur consentire decreto conveniendo heredem.*

Quant à la nature de ce pacte, un rescrit d'Antonin le Pieux et un de Marc-Aurèle l'ont arrêté.

Ulp. nous dit, L. 7, § 19 de pactis, *Hodie, ita demum pactio hujusmodi creditoribus obest, si convenerint in unum et communi consensu declaraverint quota parte debiti contenti sint : si vero dissentiant, tunc prætoris partes necessariæ sunt, qui decreto suo sequetur majoris partis voluntatem.*

Majorem autem partem pro modo debiti non pro numero personarum placuit. Papin. L. 8, eod.

Notre loi dit que : *salvum est absenti pignus aut privilegium.* La loi 10 de pact. y est contraire, et dit que les créanciers absents perdent leurs priviléges, à la différence de leurs gages. Cujas concilie, en disant que Paul décide par une

raison de droit, parce que le créancier, s'il eût
été présent, eût pu privilegium proclamare ; il se
fonde aussi sur le rescrit de Marc-Aurèle, qui
exige la présence de tous les débiteurs pour que
le pacte les oblige tous ; tandis qu'Ulpien parle
seulement du rescrit d'Antonin, antérieur à celui de Marc-Aurèle, qui enlevait à l'absent son
privilége, et l'obligeait *pacto præsentium.*

La loi 7, § ult. de pact., nous montre que la
législation en vigueur est celle de Marc-Aurèle.

L. 59, § 6.

On suppose mandat de prêter à un individu,
contracté sous la condition de demander des sû-
retés au débiteur ; à ce cas appliquez la décision
du paragraphe.

L. 60, § 3.

On suppose que le mari est chargé de nourrir sa femme, à la condition que le beau-père
payera les intérêts de la dot jusqu'à ce qu'elle
soit payée ; dans ce cas, si les intérêts excèdent
la dépense, on ne pourra rien réclamer au mari ;
que si, au contraire, le père donne mandat à
son gendre de nourrir sa fille en lui payant les
intérêts, il aura l'action de mandat pour réclamer l'excédant.

De quelle faute est tenu le mandataire ? La

loi 23 *reg. juris*, le tient de la faute *in abstracto, dolum, culpam, et diligentiam* L. 13, Cod mand.; L. 21 eod.

La Loi 8, § 10, mand., la Loi 10 eod., semblent ne le tenir que de la *culpa lata* et de la *bona fides*. Vinnius ad. § 9 societ.

Dig., lib. 10, tit. 3.

COMMUNI DIVIDUNDO.

(Extrait de Cujas et Pothier.)

Hic liber decimus est de mixtis actionibus, quæ ideo mixtæ dicuntur, quod sint in personam et pro rei vindicatione; adjungitur ad exhibendum, quia etsi hæc ratio mera sit in personam, est tamen propter rei vindicationem.

Neque enim *mixtæ* intelligi potest hoc tertium genus, et quasi spurium actionis inter actiones in rem et in personam (Inst. § 4, 5, 6, de offic. judic.) quo nunc utimur. Si nempe mixtæ essent actiones, et ad exhibendum et hereditatis petitio (L. 7, 6, de petit. hered.) esset. Quæ tamen continentur neque Inst. de act. § 20, cum impossibile videatur ei attribuere frag. *in quibus*, neque lege 37, § 1, de oblig. et act., qua mixtæ actiones intelliguntur in eo sensu quod nescias quis actor, quis reus intelligatur. L. 13. de judic. L. 2, § 1. Com div. *Mixtæ tam in rem quam in personam.* Inst. dict. § 20, id est, quæ tam rei adjudicationem quam personales præstationes continet. L. 4, § 3. Comm. divid. Neque enim actiones in rem ullæ sunt mixtæ.

Hæ actiones igitur sunt *mixtæ* et præterea duplices, L. 37, § 1, de obligat. et act. L. 10. Finium regundorum, et ex hoc differunt ab heredit. petit. quæ mutua est sed non duplex, id est, conventionem et reconventionem continet.

Hæc actio communi dividundo est ergo mixta, duplex, legitima, nempe descendit ex lege duodecim Tabularum, L. 1, fam. ercisc., quasi ex contractu; Inst. de oblig., quæ quasi ex contractu § 3, vel etiam quando ex contractu.

Bonæ fidei, § 28, de act. Inst.

Differt a familiæ erciscundæ, quod datur inter socios, sive re, sive consensu sint socii, L. 2, comm. divid., et datur communi dividundo de una re et pluribus, non fam. erciscundæ. Inter coheredes tantum actio familiæ erciscundæ; iteratur communi divid., non autem famil. ercisc.; non veniunt in communi divid. res depositæ, veniunt in familiæ erciscundæ (L. 20, § 54, famil. erciscund.). Quæ sit differentia cum pro socio?

Distat ab actione pro socio quod act. communi divid. est quasi ex contractu, pro socio ex contractu (L. 25, § 1, de oblig. et act.); mixta, duplex, dum actio pro socio mere personalis est. Sic actio pro socio magis pertinet (id est mere personalis est) ad præstat. personales, comm. divid., ad comm. divis., ideoque cessat si res communis non sit, quia princip. ad hoc intenditur. Pro socio est famosa, com. div. non est. C. d. adjudicationem admittit, nomina non admittit; pr. soc. adjudic. non admittit, nomina admittit. L. 43, ff. pro soc. L. 38, § 1, eod., et certum est comm. divid. præst. continere. Præterea venit in pro socio tantum, quod pro socio gestum est, venit in C. d. etiam quod non pro socio, velut, si post distr. societ. aliquid in communi re impensum sit, quia communio superest. L. 65, § 13, ff. pro socio. Hæc enim erat formula pro socio actionis : *Quod pro socio communiterve gestum.* Quæ non sunt distinguenda.

Actio pro soc. datur etiam sublata communione, non autem communi divid. L. 1, h. tit.

Act. comm. div. vel directa est, vel utilis. Utilis datur duobus casibus.

1° Si interitu rei sublata sit communio pro impensis ante interitum factis. L. 24. familiæ erciscundæ. L. 9 et 11 hoc tit.

2° Si sublata sit communio alienatione partis mutatæ pretio de iisdem rebus utilis actio datur. L. 8, in pr. hoc titulo. L. 14, quæ simul nunc explicabuntur (voir L. 7, § *ex quibusd.*).

Si sciam rem esse communem et in personâ socii erravero, utile dabitur judicium cum vero socio (constat enim magis ex re quam ex persona). L. 6. pr. L. 14. Frag. *quæ cum ita sint* (nec est necessaria actio neg. gest. quia nolui gerere negotia.) L. 29 in fine. (Obiter nota sic esse audiendam : ille enim qui scit rem esse communem et errat in socio, aut ille qui scit aliena negotia, et errat in domino).

Cum omnes actiones mixtæ nascuntur ex re, cum non ex contractu, pupillus etiam his judiciis obligat. sine tutoris auctoritate. L. 19, eod. Datur ergo utilis actio etiam si erratum sit in pers., velut datur act. neg. gest. Dict. leg. 14, § 1, in fin., comm. divid., et hæc utilis actio datur quanquam is qui impensas fecit, alienaverit et à communione discessum sit. Dict. leg. 6, § 1. Cum jam sit nata actio utilis, quæ recedente communione non perit.

Obiter nota in hoc § 1 dict. leg. *Titius* delendus est, neque enim Titio fundus communis est. L. 14, verbo. igit., § 1, in fine.

Si erraverit in re (eo nempe casu neminem voluit erga se obligare, d. leg. 29), id est sumptum fecerit, rem sibi propriam esse putans et hoc casu ne quidem utilis datur quia in capite erravi, id est in re ; dabitur tantum mihi jus retentionis vel ei qui a me emerit (ei nempe uti licet except. pacti ex persona venditoris. L. 17, § 5, de pactis).

Si agatur communi divid., retinebo per except. doli mali haud secus ac si res vindicaretur. (Ea tamen differentia, quod si com. div. retinebuntur sumptus ex æquitate arbitrii, nec opposita except. doli quod est bonæ fidei, si vindic., opponenda erit exceptio doli mali), petitionem non habebit sicut in negotiis gestis, sed retentionem tantum habeo, veluti, si quid in aliena re sumptus feci quam putabam propriam. Si agatur vindic. L. 14, de doli mali except. L. 45, § 1, de act. empt.; L. 14, hoc titul.

Sed etiam dabitur ei condict. incerti pro indebito soluto, si ignorantia facti non retinuit sumptus. L. 40, § 1, de condict. indeb.; L. 21, ad sc. Trebellian. quod enim dicitur, *petit. non habet si solverit;* ad certi condictionem tantum applicatur, non ad incerti.

Quæ cum ita sint. L. 14, § 1, id est, hoc posito quod is qui de re errat non habet quidem utile judicium, reliqua ad errantem in personam referuntur. Dict. leg. 14.

Etiam manente rei communione (eod) legendum est ex dict. leg. 6, § 1, *etiam non manente.* L. 17, pr. pro soci.

Accursius existimat action. communi divid. dari etiam non agenti de divisione quod est contrar. L. 1, hoc. titul.

Sublata communione duobus casibus agitur comm. divid. de præstationibus, si alienat. divis., vel interitu sublata sit communio et quasi adhuc maneat.

L. 14, § 1, in fine, Cujac. ait delenda hæc verba, *Julianus quoque scribit et negot. gest.* Accursius servanda, vel ex eo quo dicitur de sumptibus non dari action. comm. divid., nisi pro sua parte tantum gerere oportuit, sed neg. gest.; sed de sumptibus semper comm. div. est actio, non *neg. gest.*

Vel, ait, uti negot. gest. actio daretur, quod non probat Cujacius.

L. 2, comm. div.

§ 1. Hæ tres actiones duplices sunt et insunt reciprocæ vindicationes et reciprocæ præstationes. L. 2, § 3, famil. erciscund. L. 37, de obl. et act. de calumnia jurare debent.

Eadem ratione, si quis agat nomine alieno, quasi pro actore cavet de rato, quasi pro reo de judicato solvendo et duplum quisque procurator præstabit. L. 15, § 1, de procurat.

Si ambo provocaverint, sorte res discerni solet. L. 14, de judiciis. Est dativa quoad in rem est, quoniam, præter legem, nullam causam habet; est quasi ex contractu quoad ad personnalem præstationem.

Quoad fructus, cogetur socius reddere omnes, sive consumptos, sive non, ex litis contesta-

tione : ante non consumptos tantum nisi malæ
fidei sit.

L. 3, eod.

Hæc lex probat mixtam actionem. Ait enim :
ipsarum quæ communes sint et post *factum da-
tumve est*, id est, res, et post, personalis præstatio.

Præstat. personales etiam in heredem trans-
eunt; L. 4, § 3, hoc tit. Est hæc differentia cum
legis Aquiliæ actione quod actio legis Aquiliæ ad
heredes non transit, et damnum quod ex lege
Aquilia contra socium resarciretur, contra heredem autem communi divid. Quod minus est :
nempe ex lege Aquilia vel quanti plurimi res in
anno fuerit ex primo capite, vel in duplum ex
secundo, vel quanti plurimi fuerit in diebus tri-
genta proximis ex tertio agebatur; communi divid. quanti interest tantum agitur, L. 10 in pr.
hoc titulo. (Quod forsitan non verum est).

Et rata sunt pacta sociorum, quod ex veterum
jure descendit.

Judex tuebitur pactum divis. jam factum, si
ad dividendas res nondum divisas ad judicem
venerunt, L. 15, 60, fam. ercisc.; aut nondum
traditas, si nempe traditæ contractus esset et
proprietas translata. *Si usque ad pactum stetit*,
id est, nondum traditio intervenit, judex conven-

tionem nudam servare debebit, qui datur ad finiendam communionem.

Et possunt excipere quid, ne in comm. div. judicio veniat, L. 13, com. divid.; L. 21, eod. Possintne cum tres sint, duo communione retenta, tertium ad com. divid. provocare? Possunt.

Idem, si conveniat ne intra certum tempus divisio fiat, L 14, § 3, comm. divid.; sed non videretur facere contra pactum qui venderet partem suam; cum emptore communio erit, et pacto tenebitur, L. 14, § 4, et pacisci possunt, ne socius suam partem petat; quo pacto tollit C. D. effectu, non ipso jure. Nemo cogitur in perpetuum a communione non discedere. L. 14, § 2.

L. 4 et 5, eod.

Per hanc actionem corpor. divis. fit. Nomina non sunt corporalia; eorum ergo per communi divid. judic. non fit divisio, L. 43, ff. pro socio. Ipso enim jure dividuntur. Neque heredit. hæc actio complectitur. L. 1, Fam. erciscundæ.

Quarum dominium habemus. Immo vero latius est porrigendum et dicendum : *Quarum vindicat. habemus.* L. 7, § 2, communi dividundo.

§ 1. *De puteo quæritur*, et sane si communis sit? et intelligitur communis, si solum ejus commune sit. Nempe superficies soli condit. sequitur.

Quid tamen si unius puteus, id est, solum, sit, alii aquæ tantum haustæ, quod fieri potest si puteus aquam viduam habeat, L. un. de fonte, § 4. Non aliter omnes enim servitutes perpetuam causam habere debent. L. 28, pr. de serv. præd. urb. Hoc casu nihil est commune : aliud est putei dominium, aliud aquæ haustus; nam in puteo meo non habeo aquæ haustum, sicut in fundo non usumfructum. L. 26, de serv. præd. urb.; nemini enim res sua servit.

Si plures sint qui eumdem aquæ haustum habeant, potest hoc judicio arbitrum conveniri ut aquæ haustus secernatur tempore. L. 19, § 4.

Bonæ fidei est, et jam ex lege 14 apparet. Et res quædam indivisæ relinqui possunt, neque ideo judicium informabitur, quanquam omnes res statim veniant in hoc judicium, nec ulla sit prætermittenda. L. Comm. divid.

Nec imitantur judicia stricti juris quibus nihil agitur, nisi omnia quæ in judicium venerunt sua sententia finierit judex. Ut actio de damno dato, quæ personalis in duobus his judiciis versatur, neque valere potest nisi omnes seu coheredes seu socii fuerint damnati. L. 27, fam. ercisc. *Neque enim potest uno judicio res judicata partim valere, partim non valere.*

Quandoque hæc judicia sunt in personam tantum, veluti lege 6, § 1, hoc tit., sublata communione.

6.

Sunt tam directa quam utilia, ut diximus de lege 6, 14 et 29, hoc titul.

Communi divid. nonnunquam ex contractu est, veluti si societas certa sit, nonnunquam quasi ex contractu.

Et, ut diximus, ex bona fide fit divisio, præstationes personales fiunt plerumque stricto jure dict. leg. 27. Fam. ercisc.

Iterari potest hæc actio, et præterea mixta est, ut ex § 3 apparet, nempe personales præst. continet, et rei divisionem.

Omne ergo quod percepit vel quod impendit quasi socius in hanc actionem venit.

Obiter nota action. familiæ erciscundæ dari etiam ei qui non communiter agit, verb. gr., si patrem defendit. L. 25, § 19, fam. ercisc,

Cum comm. divid. judicio non veniant nisi sumptus, quæ pro communi re facta sunt, sumptus facti ante commun. div. non veniunt.

§ 4. Finge: duo sumus qui damnum infectum timemus, desideramus nobis caveri, vicinus non vult: prætorem adimus qui interponit duo decreta; priori *nos mittit in possessionem*, quæ non facit nos possessores, sed cautionis viæ et custodiæ causa nos in possessionem constituit, quanquam dominum non ejiciamus; si vero nobis moratis aliquandiu vicinus non velit caveri, prætor interponit secundum decretum quo nos possessores facit, et tunc dominum ejicimus.

L. 15, § 16, 20, 23. Damni infecti secundum decretum non dominos nos facit sed possessores, et ex hac possessione dominos, cum justa ex prætore causa sit possessionis; atque dicitur nonnullis locis prætorem dominos nos facere. Leg. 15, § 16, dam. infect. L. 1, de fundo dotali. *Dominos*, id est, possessores qui habent dominium possessionis non propriet., cujus possessio ea est ut usucapere possint. L. 5, damn. infect.

Ex lege nostra apparet sumptus factos ante secundum decretum non venire in communi divid. judic.

Ex lege 5, eod. Secus apparet post secundum decretum.

Existimant vulgo loqui de sumptibus factis post secundum decretum, sed vere loquitur de impensis ante factis.

Ex his colligimus non venire eam impensam quæ facta est ante communionem et secundum decretum. Ulpian. ad edict. obst. ex mero jure L. 15, § 18 et 19, in quo dicit eum consequi, qui in possessionem missus est, impensas ante secundum decretum factas et *communi divid.* quidam adjecerunt *utili* quod est spurium.

Pugnat etiam L. 8. Ulpian. ad edict. de noxal. act. si quis servus communis culpam erga quem admisit, quisque dominorum in solidum tenetur post litis contestationem noxalis judicii. Sed antea quisque liberatur, partem suam cedendo. Ergo et

is qui potest agere, jam non potest, cum ipius
pro parte servus sit, quia qui teneretur noxali
actione, alii quidem non potest ipse agere. Ergo
oportebit eum agere contra socios, et non aliter
potest quam communi dividundo. Ergo hæc
actio communi dividundo datur de eo quod gestum est ante communionem.

Respondeo ad legem 15, § 18 et 19, damni
iufect. fuisse jus controversum, an ante secundum decretum, etc. ? Julianus putabat sumptus
ante secundum decretum non venire in act. c.
d., erat ex Sabinianis, et hac lege 5 Proculi sen-
tent. retulit qui venire putabat quasi secundum
decretum retrotrahatur ad primum.

Ad legem 8, de nox. act. quod is qui actionem
habuit noxalem, acquisivit non ex sua sponte
sed ex necessitate. Ei accommodatur actio ex
æquitate, æquitatis ratio est evidens injuria.

Generaliter communicari debet omne lucrum
et omne damnum societatis si bona fide communi nomine rem gessit. Sed si mala fide ad eum
solum, qui improbe gessit, damnum pertinere
patet. L. 6 § 2, hoc tit. Iust. de soc. , § manet.
Cujus eadem species est : alter enim sublata
societate loquitur, alter manente communione;
sed certum est societatem aliud, communionem
aliud esse, et etiam sublata societate, manere
communionem. L. 65, § 13, pro soc. et quod
dicit noster § 2, idem et §*manet* infra de societate;

rem enim communem eo casu male gessit. L. 5,
C. de Ædificiis privatis. Eodem modo quo is qui
erravit in re sumptus repetere non potest. L. 6,
§ 3, neg. gest.

Differt autem generaliter bonæ fidei possessor
a malæ fidei possessore, quod prior retentionem habet omnium sumptuum in omnibus judiciis, posteriori vero tantum retentio neces-
sariorum sumptuum datur et utilium in judic.
bonæ fidei; horum enim judiciorum æquitas
non patitur quem in aliena jactura lucrum facere. L. 38 et 39 de hered petit. L. 5, Cod. de rei
vind. nemo petitionem habet.

Obst. L. 27, § 25, ad leg. Aquil. quæ dicit eum
qui sciens maturas discerpserit uvas eas donasse
videri, non ergo est retentio.

L. 36, § ult. de her. petit. dicit fructus *in
utroque casu* non esse intelligendos nisi deductis
impensis.

L. 37, eod. Differentia tamen est in bonæ
fidei possessore quod impensas petere potest,
etiam si nulli fructus essent cum res ipsa petatur.

Malæ fidei non repetit nisi ab eo petantur fructus, et sic intelligenda L. 27, § 25, ad leg. Aquil.
Videtur donasse si ab eo non petantur fructus.

Obstat L. 5 (Gordien), Cod. de rei vindic. ex
qua concluditur habere posse malæ fidei possessorem repetitionem propter necessarias impensas,
quod est vitiosum, neque enim verum est, prope

bonæ fidei possessorem non repetitio est, sed
retentio tantum.

Obst. L. 6, § 3, negot. gestis quæ cui actionem
dari malæ fidei possess. observamus 1° non esse
actionem in id quod ei abest, sed ex quo locupletior factus est; 2° in hoc agi de reputatione
quadam vel compensatione, quod patitur qui
agit directa negot. gestorum, retentionem habe-
ret ergo et retentionis condictionem, eam scilicet
indebiti soluti condictionem, quæ datur si
ignorantia facti nihil aut minus retentum fuerit.
L. 21, ad sc. Trebellianum, et condictio tantum
datur ex eo quo locupletior factus est.

Igitur et socium dicemus habere condict. pro
parte socio pro qua melior factus est; et ejus
impensæ ratio habetur judicio communi dividundo. Cum enim dicitur damnum ad eum solum pertinere, id intelligi debet, damnum deducto lucro. L. 30, pro socio.

Communi dividundo datur si non potuit lo-
care nisi in solidum : alioquin erit tantum act.
negot. gest. veluti si cavit in solid. damni infecti,
erit negot. gest, actio tantum, quoniam cavere
potest pro sua parte. L. 14, § 1; L. 29, § ult.

Hæ quidem actiones debent dari etiam invitis
nonnullis. L. 29, § ult. comm. div. excipitur
unus casus h. t. L. 19, § 1 de vestibulo. Quoniam
pro parte nominumque totorum ædium pretium
facere debet , ego pars fundi vestibulum.

Est etiam alius casus quo, invito socio, non agitur communi dividundo. L. 12, de alien. jud. mut. causa.

Species est : ego et tu fundum habemus communem cujus divisio difficilis est, et ideo res adjudicanda est, cum vereor ne me licitatione opibus vincas, evitandi judicii causa partem meam Titio potentissimo vendo ut rem auferat, et tu non habeas; deinde, nondum sublata communione, partem meam à Titio recepi : cœpit esse communis; minime possum agere communi divid. ex lege Licinia.

Sed si non receperim, an poterit Titius? nec poterit. Obstat edictum de alienat. judic. mutandi causa.

Sicut, si substitutus sit reus potentior facta alienatione, in eum qui substituit est actio in id quod interest duriorem adversarium non habuisse, in factum scilicet. L. 24, § 1, Comm. divid.

Recte etiam, si actor substitutus sit, Accursius ait Liciniam locum habere et denegari actionem, si reus, in factum.

Obstat his actionibus præscript. 30 ann. Obst. Lex 1, §1, de annali exceptione. Quæ actiones nascuntur ex die communionis, intereunt ergo triennis, cum igitur obstat hæc præscriptio, non fiet divis, nisi inter volentes. Ergo plus facit præscriptio quam pactum. L. 14, § *si conv.* comm. dividundo.

Erit in hac actione omnis impensa, omnis fructus perceptus.

Et venit sumptus communis litis.

Obstat L. 31, § ult. de negotiis gestis quæ, si servitutem defendam, dat mihi negot. gest. actionem, imo vero comm. divid., quia non nisi in solidum agere potui cum sit individua servitus. Item lex 52, § 12, pro socio, ait : si quis rivum refecit, datur ei actio pro socio, et inde comm. divid. Proculeianus est jurisconsultus. Eodem modo Pomp. dedit actionem communi dividundo in casu *viæ* pro eo quod impensum est. Cujus sententia improbata à Paulo in lege 19, § 2, comm. divid. : nempe nulla est communio, sed rivus in solidum unicuique debetur, sicut via, ergo est hoc casu neg. gest.

Constituo servit. venire in comm. divid. ut usus ejus secernatur mensura, aut temporibus. L. 19, § 4, c. d.

Servitus non est communis, veniunt tamen impensæ in neg. gest. act., quoniam voluit alienum sibi obligare. Ergo hoc casu cum servitus communis non sit, locus est tantum actioni negot. gest., nec obst. lex 31, § ult. (neg. gest.).

Uno verbo, quærebatur si servitus communis sit? Dicunt esse Proculeiani lege 52, § 12,

pro socio. Non esse, Sabiniani lege 19, § 2, comm.
divid. Papinianus Sabin. erat. Ergo lex 31 refer-
tur ad opinionem in qua communis non est servitus, est ergo actio neg. gest.

Ad § 3 et 4, ergo quidquid datur servo her.
etiam ab extraneo in hoc judicium deducitur.

Ad § 5 *accessionem* quod in præced. § *decessionem*, quod si aliqua res in eo sit ut usuca-
pietur et subito post litem contest. a domino
vindicetur.

§ 6. Qui infert mortuum in alienum locum
non facit religiosum, sed tenetur actione quadam prætoria in factum ut mortuum tollat, vel
pretium loci solvat, et quæ perpetua est actio,
et ideo transit contra heredem et ad heredes.

Si communis religiosus, est jus inferre, nec
venit in comm. divid judicio.

Si in purum locum intulerit, ex nostra lege in
factum agendum est, sed ex lege infra 2, § 1,
de relig. communi dividundo judic., et ex lege
39, pr. soc., pro socio agendum est.

Et verius est quod inquiunt hæ duæ leges :
cum enim non sit factus religiosus locus, in
comm. divid. veniet si religiosus non veniret.
L. 30, fam. ercisc. Ergo sufficiet ut vel corpus
auferatur vel solvatur pretium, nec in factum
agendum est ut Trebatio et Labeoni visum fue-
rat. Quem Ulp. in lege dicta 2, de religiosis, de-
prehendit his verbis : *est tamen verius*, etc.,

commuui dividundo sufficit, et est melius quam in factum, ut civilis, cum alter honoraria. L. 28, de legatis 1°.

Ad. § 7, obst. L. 23, damni infecti.

Ad. § 8. Si fundus est communis inter duos, et alter partem pro indiviso pignori dederit, dividitur cum sua causa, ergo post divisionem erit adhuc obligatus pignori omnis fundus pro indiviso pro parte sociali tantum, neque enim socius pignori dedit eam partem quam nunc habet, sed partem indivisam quam antea habebat. L. 7, § 4, quib. modis pignus vel hypotheca solvitur; et idem est, si fundus uni ex sociis adjudicetur vel usucaptus fuerit; nullo enim modo pignus dominium sequitur. L. 44, § 5, de usurp.

Et minus res æstimabitur si alio adjudicata sit, cum ex pacto creditor vendere eam possit, nam sine pacto distrahi non potest, quanquam alius sit usus. L. 4, de pig. act.

Sed si totus fundus debitori adjudicetur, neque tamen totus pignori oblig. videtur, sed tantum pars pro indiviso. Objicitur lex 13, § 17, de act. empti.; L. 7, § ult., comm. divid. quæ non sunt audienda. Speciali enim casu factum est, et ut exoneraretur emptor et non exoneraretur creditor, si pignus augeretur.

Ad. § 9. Non recte agit comm. div. qui partem suam obligatam socio habet, nempe excep-

tione pignerat. summov. his verbis : *si non con-*
venit ut pars tua mihi obligata esset.

Sed si omiserint pignoratitiam exceptionem,
in officio judicis continebitur eam supplere. L. 14,
comm. divid.

In nostro casu, officium est judicis rem, servum v. gr., adjudicare et si debitori adjudicet,
condemnare eum debet, non tantum in quantitatem quæ pars creditoris est, sed etiam in eæ
partis, quam et ipse habet, æstimationem, usque ad quantitatem quæ debetur; neque enim
divisione ejus pignoris mutari potest.

Si judex adjudicet creditori, non debebit eum
damnare præstare debitori æstimat. partis deducto eo quod debetur, quia si pignus distraxis-
set, de superfluo cum illo actio esset. L. 6, § ult.
de pign. act. Utroque casu igitur, et debitor et
pignus liberatur.

§ 12. *Si vicinus in communi ædificio novum*
opus nuntiavit, recte dicitur *in communi ædificio,*
neque enim hoc nuntiatur in personam, sed in
rem, ut ait lex ult. de operis novi nunciatione ;
ita ut nunciatio uni, videatur facta omnibus ; et
debet fieri in ipso opere, nec recte fit domino
ædium invento in foro. L. 5, § 4, de operis novi
nunciatione. Si contra nunciationem factum erit.
et socius unus damnatus est ; socii erga illum
tenentur, *si interfuit ædium hoc fieri ;* aliter enim

culpæ suæ socius teneretur ; in hoc enim judicio
dolum et culpa confertur.

L. 7, eod.

Hac lege tractatur inter quos reddi debeat jud.
comm. divid. Alii habent vindicat. sive rei, sive
proprietatis, alii vindicationem pignoris, alii
vindicationem servitutis ; alii non habent vindicationem, sed possessionem et retentionem : et
hi vel justam possessionem habent, vel injustam, civilem, vel naturalem; civilis, si animus
domini sit : naturalis, si actu et corpore tantum
possident.

Qui rei vindic. habent, vel habent civilem ut
domini, vel prætoriam ut superficiarii, vel publicianam ut bonæ fidei possessores, vel vectigalem ut emphyteuticarii; et inter hos omnes
redditur hæc actio.

Qui habent vindicat. pignoratitiam, judicium
tantum habent utile; item inter eos qui habent
vindicat. servitutis.

Qui possessionem habent, si injustam, ne utile
quidem judicium datur : item qui naturalem habent. Qui civilem habent, et justam possidendi
causam, inter eos datur judicium communi dividundo, quanquam vindicat. non habeant.

Datur hæc act. inter emphyteuticarios qui

vindic. habent, sed melius est abstinere divisione, et uni adjudicare, alioquin præstatio vectig. confunditur, id est, perturbabitur et per-
miscebitur.

Possunt igitur emphyteuticarii dividere fundum inter se, sed melius est ut non faciant ex
h. l.; sed quid de dominis? possintne dividere
inter se vectigalem fundum? Initio respublica
sola habuit fundos vectigales. L. 1, ff. si ager
vectigalis. Habuere postea templa. Sed cum hodie privati vectigales habeant, quæritur inter pri-
vatos? et dicendum est agi posse de divisione;
sed potius adjudicationes faciendas, cum pluribus solvere incommodum est. L. 3, fam. ercisc.,
nec tamen divisio inhibetur omnino.

De § 1, nihil est.

De § 2, quid sit Publiciana? Inst. § 4, de act.
§ 3. Cum ex quibusdam causis vindicatio cessat,
tamen si justa causa sit, communi dividundo
datur, utilis scilicet. (Cum, qui public. habent
directam, habeant comm. div. § 2. § 9, hac lege)

Exemplum quod datur possessionis ex indebito soluto obscurum est, et non convenit; nam
hi qui, et causa indebiti soluti possessionem
habent, et domini sunt, cum traditio facta sit
ab eis a vero domino, ergo vindic. habentes directum judicium habent (justa causa quid? L. 2
et seq. publ. in rem), non utile; alioquin enim
non esset condictio indebiti, propriæ enim rei

condictio non est. L. 4, de public. in rem ; præterea qui ita accepit, usucapere potest, nisi forte res vitiosa sit, et cum publicianam habeat, directum judicium habet. Idem dicitur, si damni infecti ex secundo decreto in possessionem missi simus, etenim usucapio biennii nobis competit.

Textus sic corrigendus : *si ex causa jurisjurandi*, non *si ex causa indebiti*, etc., quod Tribonianus male explanavit.

De his autem qui possident ex causa jurisjurandi, certum est, cum juraverint rem petitoris non esse, retentionem habere, non vindicationem.

L. 19, § 2, de hered. petit. L. 7, § 7, de publ. in rem. L. 11, de jurejurando. Idem de his qui mittuntur in possessionem legator. causa.

Item si duo ventres missi sunt in possessionem, mortuo communi parente, L. 1, § 16, de ventre in possess., inter se agent utili communi divid.

Ad § 4. *Hoc judicium non dari inter prædones*, quia justa non est possidendi causa, et ne utile quidem, sunt enim qui vi possident rem alienam. Idem et de his qui clam possident, quia maleficii nulla communio est.

Idem de his qui precario possident, justam causam habent tamen, sed quæ non pergat ad judicii vigorem, id est, ad comm. divid. judicium : quia non possident civiliter animo domini. L. 5, § 2, de precario, L. 22, eod.; neque colonis ergo datur, quia naturaliter tantum possident, h. l. § 11.

Si precario possidens agat communi divid., repellendus est etiam post annum, quia interdictum de precario est perpetuum, quod est restitutorium, idem et is qui vi possidet, quanquam interdicta non soleant esse perpetua, sed de vi et vi armata sunt perpetua. L. 3, § 12, de vi et vi armata.

Eodem modo et si is qui clam possidet agat comm. divid., ab eo a quo clam possidet repellitur.

Speciale est interdictum de clandestina possessione, non vi aut clam.

Ad § 12 dicetur mandatarii loco esse creditorem, et exinde omnem partem præstare creditori potest, nisi animose licitus sit.

L. 8 et 9.

Hæc lex demonstrat pr. inter nonnullos sociorum posse dari act. comm. divid., ut inter eos communio solvatur dum cum aliis maneat. Idem et in famil. ercisc.

Si certi ex his dividere desiderant societatem scilicet, neque enim communio, nisi inter omnes, solvi potest; et Accursius ait, nisi omnes consentiant, adjudicat. finiendam communionem. L. 25, § 6. Fam. ercisc.

An ex tribus sociis duo possint inter se agere c. d., et non agere cum tertio, aut etiam non poterunt inter se agere comm. divid., et non agere cum tertio? § 1, act. fam. ercisc. datur inter heredem et fidei commissarium cui rogatus est heres restituere partem heredit., non autem agi potest hoc judicio inter heredem et fideicommissarium rerum sing. aut legatarium, quia nec coheres est, nec coheredem imitatur.

Verum potest agi communi divid., *si incertum sit an Falcidia locum habeat*, hoc est, si æs alienum, quo demum deducto, Falcidia locum habet, sit incertum; ut, si cœpta sit lis nec finita, legatarius potest petere arbitrum quia, interveniente lege Falcidia, communio est inter heredem et legatarium. L. 49, ad leg. Falcid. arbiter partem cuique constituet nec uni adjudicabit rem totam.

Potest etiam agere incertæ partis vindicatione. L. 1, § 5, si pars hereditatis petatur. L. 76, § 1, de rei vindic. Ex ea ult. lege dicitur *si justa causa sit*, quæ verba videntur ex edicto prætoris, quo incertæ vindicatio pollicetur ex juxta causa, ut vitetur plus petitio, et comm. divid. actio datur si non negetur eum esse legatarium incertæ vindicatio si negetur.

Comm. divid. actio legatario datur, non heredi, quia heres Falcidiæ retentionem habet non vindicationem (Cujas).

Si certum sit contra, Falcidiam locum habere, si certa sit quantitas, certæ partis vindicatio datur, neque enim partem habeat pro indiviso sed pro diviso, quia ex lege Falcidia ipso jure fit divisio rerum in quadrant. etc., neque igitur communio est ulla.

Idem est si peculium legatum fuerit, falcidia minuit, et etiam si non interveniat, dubium est quid debeatur domino? et minuit legatum, si certum sit; cessat communi dividundo, et pariter si quid debeatur heredi incertum, non erit ei actio communi dividundo, quia retentionem tantum habet, non petitionem. In legato peculio, peculii res singulares pro rata minuuntur ob id quod domino debetur, vel conservis, vel liberis domini. L. 6, pr. de peculio legato.

Servus est communis inter duos; unus ex sociis conventus est noxali actione ex delicto hujus servi et æstimata lite et damno plus præstitit; lex ait æstimari servum communem, et eum qui plus præstitit servi tantum partem consequi, non totius æstimationis litis quam solvit.

Si contra servus pluris erat quam noxa et sarcierit noxam, solutæ æstimationis partem consequetur à socio. L. 27, § 8 de peculio. L. 28, eod. L. 25, comm. div.

Hæc actio comm. div. durat etiam si res peculiares quæ erant apud alterum socium postea interciderunt, sed utilis.

7.

Et etiam si sublata communio, interitu servi hæc actio manebit. L. 31, Fam. ercisc.

Si actum sit de peculio qui apud alterum socium interierit, quamvis interierit, erit pro soluto actio comm. divid. ut dicitur in lege 25, hoc tit. *Si Stichus.*

Stichus habet vicarium servum Pamphilum aureorum decem, nihil præterea habet in peculio. Conventus de peculio nomine Stichi, solvi decem; Pamphilus postea decessit, tu mihi præstabis quinque, quia sufficit quæ præcessit communio et æs peculiare quod fuit commune; multo magis si Stichus alium postea acquisierit, et ut in lege dicitur, *si quis mandato domini susceperit defensionem servi* in judicio de peculio, repetit sumptus bona fide factos, licet postea peculium interierit, nam eventus non spectatur ubi negotium utiliter cœpit. L. 10 in fine neg. gest.

Scilicet ita agitur si neutrius dominorum dolum vel culpa intervenerit, id autem est, si convenerit rem ita geri, id est, solvi pecuniam contractu servi ad finem et modum peculii.

Quid dicemus si non expediat solvi pro servo? nam dominus potest effugere solutionem, si modo sit paratus cedere peculio?

Hæc culpa ei imputabitur, et quod plus solverit ejus partem à socio non consequetur. Igitur audiendus dominus qui paratus sit rebus peculiaribus cedere, et auditur si sine dolo et *frustratione* id faciat. Loco *frustratione* legendum *fraudatione* aliqui putant, quod in act. de peculio hæc additur clausula : *et si quis culpa domini captus fraudatusve sit actor.* L. 36 ff. de peculio. Sed nihil hic mutandum putamus : *sine dolo et frustrat.*, id est, non mutandi judicii causa. L. 89, §. 1, ad leg. Falcid.; L. 26 de usuris et fructibus legat.; in una frustrationem dicit, in altera moram. Frustratio igitur nihil aliud est quam mora.

L. 10, eod.

Et damnum legis Aquiliæ ab auctore admissum ad heredem transit, resarciendum ex lege Aquilia.

Si usus sit dividendus, prætor interveniet, et alter utetur, alter autem mercedem accipiet; quanquam id contrarium sit usus naturæ, cum frui videatur, non uti, qui mercedem accepit.

Res æstimari justo pretio debet, et de evictionibus cavendum.

L. 11, eod.

Si, post interitum rei communis, quis sociorum agere velit, agere potest utili, etc.

L. 12, eod.

Plerumque vicinorum ædes communibus parietibus distinguuntur. L. 4, § 10. Fin. reg., et

est in eo casu actio communi dividundo. L. 4.,
de serv. legat.

Communis est, si in loco communi ex colla-
tione vicinorum est ædificatus, et censetur communis naturali ratione, quia superficies solo ce-
dit. L. 8, de servit præd. urb. L. 3, § 7, uti possidetis. quemadmodum et si solum commune
sit, puteus superædificatus, communis est. L. 4,
§ 1 hoc tit., et naturali ratione. L. 52, § 13 pro
socio.

Si vicini semipedes contulerunt ut *cratitium*
parietem ædificarent, communis est.

Cratitius paries est, qui fit ex cannis et luto,
qui prosunt loci laxamento, quod minus loci
occupare cum pedali crassitudine sint tantum,
dum cæteri parietes essent sesquipedales.

Communis adhuc paries est, si unus ex sociis
impensam fecerit, impensam repetiturus, vel
donationis causa non repetiturus. L. 22, comm.
divid.

Communis etiam medius paries est, si duæ
ædes legatæ sint. L. 4, de servit. legat.

Quæramus si alterutro vicinorum jus sit de-
moliendi communis parietis, vel reficiendi invito altero? L. 8, de serv. præd. urban. ait jus
non esse cum non solus sit dominus, et id L. 28
comm. divid. ait, neminem quid in re comm.,
invito altero, facere posse; invito etiam qui tenet vel abest. Sed in hoc differentia est, quod si

quis ex sociis fecerit absente socio, tolli opus
licitum sit. Quod consequitur si intersit societatis, actione comm. divid. quod si tacente fecerit, opus non tollitur, sed tantum damnum hac
actione resarciendum dict. leg. 28.

Hæc autem lex 28, et lex 8 de serv. præd. urb.
solent opponi nostræ 12, *si ædes*; quum hæc
lex dicat agendum comm. divid., aut interdicto
uti possidetis, si opus sit communem parietem
reficere aut demoliri.

Constituo. Unus ex sociis si quid invito altero
faciat, non jure facit, videlicet, si quasi solus
dominus ad suum arbitrium uti re communi
velit, quia præripit socio jus suum, cum non
possit ipse agere confessoria actione jus esse
faciendi in re communi. L. 11, si servit. vindicetur. Nemini enim res sua servit. L. 26, de
serv. præd. urb.

Ea autem actione non opus est, nempe semper quod agi necesse est consequetur act. comm.
div., pro socio, si contracta sit societas vel interdicto uti possidetis. Confessoria actione ten-
tabit frustra obtinere. Quod voluit dicere dict.
lex 8, cum in hac lege voluntas insit, non neces-
sitas, ut in lege nostra 12 com. div.

Obst. præterea lex 26, de serv. præd. urb.
Colligit socio jus esse prohibendi, quia Sabinus
ait jus non esse faciendi, invito altero, in lege
28 comm. div., et in pari causa potiorem esse

prohibentis. Idemque scribit Pomponius ad Sabinum, lege 27 de serv. præd. urb.

Paulus tamen ait lege dict. 26 nec jus esse prohibendi quominus aliquid fiat in re commune. Respondetur : Paulus ait non esse jus prohibendi per actionem negatoriam, sicut non est jus faciendi per confessoriam. Marcellus tamen in lege 6, si servit... vindic., admittere videtur jus esse prohib. per negatoriam. Sed id non admittit incunctanter, sed ait non esse jus faciendi; nam plus facit, qui facit, quam qui prohibet facere; ideoque potius esse jus prohibendi quam faciendi; sed non adfirmat jus esse prohibendi per negatoriam; nam possumus tantum prohibere judicio comm. divid. vel per prætorem. L. 3, § 1, de operis novi nunciat. Ergo non potest prohiberi inter socios super act. veluti negat., aut novi operis nunciat., sed per arbitrum comm. divid. aut per *uti possidetis* vel *quod vi aut clam.* L. 5, § 10, de operis nov. nunciat. Concludamus igitur quæ remedia dantur ei qui cum res exigit vult reficere vel demoliri, vel immittere aliquid in ædes communes sunt, c. d., uti possid.

Non potest inter socios novum opus nunciari.

Præterea obstat lex 26 de servit. in fin. leg. 28, comm. div., etiam in fine, *tollere.*

Ideo interdictum uti possidetis datur quod unus aut prohibendo, aut faciendo, non juste videtur totius parietis jus sibi arrogare et ideo alterum inquietare. L. 3, § 9, uti possidetis.

In hac actione comm. divid. res adjudicatione plerumque finienda. L. 26, de serv. præd. urb.

Lateritius paries tanti æstimatur quanti olim facti fuerint si stetur ad perpendiculum.

Paries autem camentitius non durare potest quam octogesimos annos et quoquo anno detrahitur pars octogesima.

L. 15, eod.

Præter quod in lege 8 et 9 dictum est, sic dicitur ante condemnationem socium noxæ nomine conventum agere posse comm. divid., ut ei pars traderetur; servi scilicet cautione interposita de reddenda parte si non dederit, alias si non dediderit. Id noxæ non dederit, sive non condemnatus sit, sive litis æstimationem præstet, quo casu retentionis jus habebit, si a socio non solvatur æstimatio.

L. 16, eod.

De eo quod deberetur aliis quam sociis cavendum.

L. 17, eod.

In comm. divid. judic. non venit fundus pignori datus a defuncto, quem coheres a creditore emit.

Non venit in familiæ erciscundæ judicio, quoniam coheres eum possidet pro emptore. L. 25, § 7, fam. ercisc. Non venit in comm. div. judicium post divisionem hereditatis, cum possideatur proprio jure.

Secus in fidejussore qui rem pignoratam emit. L. 59, § 1, mandati. Debitor petere potest actione mandati oblato debito, etiam cum fructibus. Quia fidejussor tenetur actione bonæ fidei, id est, mandati. Sed hæc etiam judicia sunt bonæ fidei, fam. ercisc., c. div. Cur ergo tam varie? An coheres pro sua parte debitor in aliis videatur extraneus emptor? Sed emptio venditio est bonæ fidei, et bona fides exigit ut rem emptam a creditore, jure pignoris vendente, reddat offerenti debitum.

L. 18, eod.

Judex communi dividundo, si proprietas communis et usus fructus legatus sit, proprietas in communi dividundo veniet, non ususfructus. L. 155, de regulis juris. L. 10, quemadmodum usu fructuarius caveat.

Judex familiæ erciscundæ non cognoscet de fundo communi ex legati causa, vel præceptione, sed comm. divid. judicium erit.

Judex communi dividundo non statuet ut fundus non hereditarius serviat hereditario.

L. 19, eod.

Arbor finalis vel lapis, quamdiù cohæret solo, non in comm. divid. judic. venit, quia communis non est pro indiviso. Sed pro diviso certas partes et finitas habet, pro regione cujusque fundi cujusque sunt. Eruta tamen arbor vel exemptus lapis, communis fit pro indiviso, quia quæ partes pro regionibus fundi divisæ erant et finitâ evulsione confunduntur. L. 7, § ult., et L. 8, de acquirendo rerum dominio.

L. 7, ait arborem positam prope confinium, si radices egerit in fundum vicini esse communem pro regione cujusque fundi, ut subjicit. Lex 8. Ergo est pro diviso totum, si tollatur fit communis pro indiviso.

Idem esse in lapide subjicit, si prædia sint pro indiviso communia, lapis natus in confinio erit pro indiviso communis, *si terra exemptus sit;* quod et falsum est, nempe si prædia sint communia pro indiviso et lapis erit communis pro indiviso, licet non exemptus. Quidam aiunt hoc loco vitium esse, et sic corrigendum, et *sunt pro diviso communia prædia,* hoc sensu ut, si prædia separata, sit lapis communis pro diviso, ut et prædia sunt, nec aliter fiat communis pro indiviso quam si terrâ separetur.

Idem duæ massæ duorum divisæ rediguntur

in unam massam conflatione, massa erit duobus
communis pro indiviso. L. 7, § 8, de acquir.
rerum dominio.

Facilius etiam arbor fiet pro indiviso communis quam massa conflata ex duobus, quia arbor
propriam substantiam accipit in unum corpus
redactam : massis autem conflatis non retine-
tur propria substantia.

Fit communis massa pro indiviso, etsi aliquid
ex prima specie separatum maneat, id est, quanquam dicatur nonnumquam etiam eadem materia manere. L. 5, § 1, de rei vindicat., propterea
quod materia cujusque separari non potest; non
ita si posset deduci. Ut et massa non fit communis
ex æquis partibus, sed ex bonitate, vel quantitate,
L. 4, de rei vindicat., ita et arbor et lapis communis fiet pro ea parte, quam prædiorum domini
habebant, cum terræ cohærebat. L. 83, pro socio.

Arbor nata in confinio est communis pro diviso, si in utriusque fundo radices egerit. L. 7,
§ 8, de acquir. rerum domin. Si in unam partem egerit, ejus tota est, cujus fundi in quo radices egit, quanquam in confinio nata sit, quoniam hoc fundo alitur. Si arbor non est in
confinio, neque est communis, pro indiviso,
sed tota vel ejus partis in qua oritur, vel ejus in
qua alitur.

Tota ejus in qua oritur, si in utraque parte
radices egerit, nempe origini vice accessionis

cedunt radices in fundum vicini porrectæ. L. 6,
in fine, arbor. furt. cæsar.; nec eas rescindendi
vicino jus est, sed mecum aget negatoriâ, hoc
modo : *Jus mihi non esse ita radices habere.*

Si vitem, scrobe factâ, in tuum fundum agere
conatus sit, ita ut origo in tuo fundo sit, et radices agat, et tua sit, mihi teneberis interdicto
quod vi aut clam intra annum. L. 2, de arb. cæ-
dendis.

Tota est arbor ejus partis in qua alitur, si in
una tantum parte alatur tota, et origini nihil
competit, et ita accipienda lex 7, § ult., de acquir. rerum domin. *si vicini arbor. ita terra
presserit,* nulla vi adhibita, *ut radices egerit,* omnes scilicet, non legendum ita *terra presserim.*

Cujacius ait quemdam ei objecisse, L. 6, § 2,
arbor. furtim cæsarum pugnare cum lege 7,
§ ult., de acquir. rerum domino, cum dicat ejus
esse in quo fundi est origo, non animadvertens
L. dic. 6, § 2, de protensis in utrumque agrum
loqui, L. d. 7, § ult., et loqui de omnibus radi-
cibus in unum porrectis. L. 7 , de acq. rerum
dominio. Hæc verba *propè confinium posita,* sic
intelligenda sunt : *in confinio posita,* ut et dicitur
in lege 8, eod.

Ad § 3. Si servus communis est in fuga,
judex curare debet ut de eo servo communi, qui
est in fugâ, coheredes liceantur, et adjudicare
uno debet, et condemnare ut partem præstet ;

nec ideo incidet in pœnam leg. Fabiæ introduc-
tam ex senatusconsulto quod factum est Alexandri
temporibus, Modesto et Probo consulibus. L. 1,
§ 2, de fugitivis, quo puniuntur qui ingenuum
hominem scientes vendiderint vel servum qui in
fuga est. L. 2, ad legem Fabiam, L. 6, cod., ad
legem Fabiam, eodem modo tenebantur qui sup-
presserant alienum servum, vel ingenuum, sed
prohibetur tantum voluntaria venditio, non necessaria. Si aquæ ductus est in ipso fundo communi, non venit in hoc judicio, si socii velint
agere, cum competat vicino cui divisio nostra
præjudicium afferre non debeat.

Si aquæductus sit separatus a fundo, quia est
in fundo vicini, et competit duobus vicinis riva-
libus, ut qui communem rivum habent in fundo
vicini, et rursus est divisus mensura et tempor.,
aut non; si divisum est, non veniet, cum jam
divisus sit inter rivales.

Si non divisum mensura vel temporibus, hic
veniet in act. comm. divid., ut secernatur mensura vel temporibus; quod quidem jus dividit
non servit. quæ indivisa manet, nec qui utitur,
videtur pro parte uti, etc., sed utitur in solidum.

Ad § 4, vid. L. 4, hoc tit.

L. 20, eod.

Si socius ad delictum militum *non respondit,*

aut *delectum*, olim in servit. redigebatur, L. 4,
§ 10, de re milit., aut villæ diruebantur, quod
fiebat non jure sed motu judicis, id est, iracun-
dia minus rationi obtemperans.

Contumacia autem apud Ciceronem dicitur
coarctum fuisse jure, pignoribus captis, vel
mulcta, non dirutis ædibus; ergo contra jus facit
judex diruendo, sed socio imputabitur in communi dividundo judicio, quoniam culpa præstatur.

L. 4, in fine., cod., comm. divid.

L. 23, eod.

Debetis quotannis fructus percipere in commune, ex conventu alternis annis percipietis.
Titius non patitur te tui anni fructus percipere :
qua act. tenetur? an teneatur ex conducto, quasi
locaverit fundum tibi fruendum, nam conducto
id agitur, ut præstetur conductori frui, quod frui
constituit? Puto non esse conducti actionem,
cum nulla merces; nec ideo conductio sit.

Teneri videtur potius ex comm. divid.; sed
verius est huic actioni locum non esse : nam si
quid socii inter se pepigerunt, est de eo actio
comm. divid. L. 3, hoc titul., nec in nudo pacto
solummodo constat, cum alius socius fructus
perceperit, sed traditione conventio facta est, et
ideo melius est, quasi negotio quodam contracto,

proprii generis dari actionem incerti civilem, id est præscriptis verbis. Nostræ legi opponitur lex 35, § 1, locati, qua dicitur conducti esse actionem; sed in proposita specie vere locatio et conductio est, cum merces certa sit : hic autem non est locatio conductio, quanquam compensatio sit fructuum, cum non sit merces certa; et ideo datur præscriptis verbis quæ nunquam datur nisi contractus nomine vacet.

Notandum est quod et si hic contractus, in hac specie qua datur præscriptis verbis actio, non veniat in actionem comm. divid., quod sit separatum a societate, tamen potest dici partem tuam venire in act. comm. divid., si socius tui anni fructus corrumpit immisso pecore, quia pro ea parte tibi vel societati detrimentum attulit. L. 3, comm. divid. Ergo tibi pro anni fructu erit actio de pastu pecoris, quæ act. de pastu pecoris in comm. divid. non veniet secundum naturam suam; est enim noxalis; in actione comm. divid. habebitur æstimatio damni in simplum, L. 17, fam. ercisc. Quin etiam, quantum ad tuam partem attinet, dabitur tibi actio de pecoris pastu, si pecus commune non fuit; si fuerit enim commune, non posse agere eum qui tali actioni subjicitur, certum est. L. 16, § ult., famil. ercisc.; L. 61, de furtis.

L. 24, eod.

Servus communis qui acquirit omnibus, acquirit etiam si ex re alicujus propriâ. Sed is, ex cujus re acquisitum, æquum est ut ex comm. divid. percipiat quod ex re suâ paratum est. L. 45, de acq. rer. dom. Idem servatur etiam si unus communis servus ex operis suis uni ex sociis acquisierit, quod scilicet fit stipulando ei mercedem operarum, et id præcipiet hoc judicio, L. 28, § 1, de stip. serv.

Idem et duobus fructuariis qui in eodem servo habent usum-fructum, sed utili comm. div. judicio. L. 32, de stipul. servorum. Cur non directo? Quia nulla communio est, cum communio juris esse non possit. L. 19, § 2, comm. div. Datur utilis, quia est communio in fructibus, et iis quæ ex operibus servi adveniunt; et ob id censetur usus-fructus esse dividuus. Alia est ratio viæ, quæ omnino censetur individua, cum in usu, id est in jure, id est in individuo, consistat.

L. 26, eod.

In comm. divid. venit culpa socii. L. 20, comm. divid. Detrimentum quod casu evenit est commune, sed ei totum imputatur qui culpam admisit; ita de servo qui apud socium crus fregit. L. 54, de act. empti.

I.   8

L. 27, eod.

Hæc quæstio haberi potest de communi servo ab uno socio, nisi negotii communis causa, veluti si rem communem gessit.

L. 31, eod.

Bina mancipia pupillo reservata non videntur reservata jure divisionis, sed indivisa manent, et post pupillor. ætatem, comm. divid. judicio dividentur.

Sur ce titre : COMMUNI DIVIDUNDO,

Textes : Inst. de act., § 20. — Mixta est actio.

§ 28, eod. bonæ fidei.

Inter quas personas. — L. 2, com. divid. ff.

L. 1, Pothier, page 417, note 7.

Post judic. comm. divid., cum res communis non sit, necesse est pro socio.

L. 8, § 1, note 4, page 417; notes 8 et 9.

Si incert. sit an falcidia sit, comm. divid. judicium est præstandum, si neget leg. esse incertæ rei ; vindicatio datur, et inter heredes, de rebus quæ iis communes sunt.

L. 44, ff. familiæ ercisc., ex alia causa quam hereditaria.

Et etiam post familiæ erciscundæ, judicio communi dividundo agi potest, si aliquid nonnullos inter coheredes indiv. relictum sit. L. 34, pro soc.

Directo possunt agere comm. div. judicio illi quibus jure dominii res communis est, utili autem etiam illi qui alio jure quam dominii rem pro indiv. possident. L. 27, comm. divid., § 3, *ex causa indebiti soluti*, etiam si is qui possidet non fuerit dominus ; solutio indebiti justa causa est possidendi. Exemplum non convenit, nempe is qui a vero domino, civil. habet vindic., aut public.; ergo directum habet judicium, non utile ; exemplum est de his qui possident *juris-jurandi causa :* nec enim vindic. habent ; item est si duo ventres. (Cujacius.)

L. 7. *Ager vectigalis*, et generaliter qui in rem publician. habent.

L. 7, § 6 ; L. 7, § 7 ; L. 7, § 8 ; L. 7, § 9, *directo.*

Neque colonis, neque depositariis competit, *neque cum possident;* Ducaurroy, de interdictis. L. 7, § 11. Qua ratione legatarii missi in possessione different a colono, et judicium habeant utile? Quoniam possident sibi et auctore prætore.

L. 7, § 4, non *precario possidentes,* nec

prædones. (Voir Ducaurroy , de interdictis.
L. 7 , § 5.

Ut judicium comm. div. esse possit, nil refert
an eodem, an diverso jure res ad eos pertineat.
Hinc, eum placet qui partis dominus est, cum
eo ad quem altera pars pignoris jure pertinet,
recte communi divid. judicio experiri posse.
L. 2, 6, comm. div.

Datur etiam quamvis neuter possideat. L. 3o,
comm. div. etiam de præstationibus, si Titius
alienaverit fundum. L. 6, § 1, eod.

Quod si partem Titio tradidisti mutandi judicii causa, cum non sit comm. divid. judicio locus, teneris mihi prætoria actione. L. 24 , § 1;
L. 12, de alienatione judicii mutandi causa.

Nec comm. divid. judicio inter eos agi potest
qui viam communem habent (ce sont deux droits
distincts), si impensæ factæ sint, sed tantum
negot. gest. L. 19, § 2, h. t.

Potest admitti judicium inter omnes, vel inter nonnullos ex communiter possidentibus. L. 8.

Etiam præsentibus cæteris et *invitis* (quidam
legunt *absentibus*) poni potest judicium communi
dividundo a quolibet sociorum, etiam *invito ex
sociis uno.* L. 29, § 1, ff. comm. div. (alias muto
non bene). L. 5, 6, comm. divid.

Præter tamen in vestibulo communi duarum
ædium propter maximam utilitatem. L. 19, § 1,
comm. divid.

Qua exceptione summoveri possit? Except. pacti. L. 14, § 2 et 3, si intra certum tempus, non si in infinitum.

Exceptio pignerat. L. 6, § 9, dic. tit. et in officio jud. continetur. Comm. divid. pluries inter eosdem agi potest. comm. div. L. 4, § 2; L. 6, § 11, quoniam bonæ fidei est.

Familiæ autem erciscundæ judicium, amplius quam semel, agi non potest, nisi causa cognita, unde restitutio in integrum fit. Quoniam, magis de ipsa hereditate dividunda, quam de rebus hereditariis dividendis datur; eo tendet ut hereditas desinat esse communis, quæ si semel communis esse desiit, divisa est, et amplius dividi non potest (Pothier).

His judiciis ita demum agi potest si res communis sit. L. 9, 6, communia utriusque jud.

Comm. div. judicium perit, si res indivisa pereat, directum scilicet; nempe utili utuntur, qui ob præstationes agunt velut impensas, etc.

Quid veniat in his judiciis?

Nihil in hoc judicio pervenit præter divisionem rerum ipsarum quæ communes sint, et si quid damni factum sit, etc. L. 3, ff. comm. div.

Res quæ in his judiciis veniunt, aliæ dividendæ, aliæ præcipiendæ, quædam alia ratione veniunt.

Quæ dividendæ veniant?

Per hoc judicium corporalium rerum fit divisio quarum dominium habemus, non etiam

heredit. L. 4, comm. divid.; et in vectigali agro.
L. 7, pr. et § 1, comm. divid.

Jura in hoc judicio non venire nonnulli exis-
timaverunt, at de puteo quæritur. Et dicitur
posse, si solum commune sit. L. 4, § 1. Non veniunt quæ alio jure. L. 17, ff. comm. divid.

Sin autem nec fundo hæreat, nec mensura nec
tempore divisum, veluti si duobus prælegatum
est non div., nil impedit quin in comm. div.
judicio veniat.

L. 20, § fin. et 21, familiæ erciscundæ.

Jus hauriendæ aquæ non veniret, sed male.
L. 19, § 4, comm. div. Nempe, aut est fundi,
et ideo qualitas fundi, nec sigillatim dividuum;
aut separatum a fundo, divisum tamen mensura
et temporibus, descendit a stipulatione qua dictum est quantum aquæ et quo quisque tempore
hauriret (sunt enim separata jura).

Potest et aliquid ex communibus, comm. divid. judicio excipi, communi consensu. L. 13,
ff. comm. div.

Item venit quidquid ex communibus rebus
proficiscitur, igitur partus. L. 6, § 4, comm. divid.

Item judicium et accessionem et decessionem
accipit. L. 6, § 5.

Quod quisque ex sociis comparavit proprio
nomine, quanquam ex pecunia communi, non

commune est. L. 46, communia utriusque judicii.

Lapis nec arbor non venit in utroque judicio,
dum cohæret fundo; est enim ejus pars et vicem
fundi sequitur, cum fundus non sit communis, sed unusquisque certam regionem habeat,
eadem et de lapide. L. 19, ff. comm. divid. (Voir
traduction pour fin de la loi.) L. 7; L. 8, de
acquir. rerum dominio.

Tantam partem utrumque habere tam in lapide quam in arbore naturali rationi convenit,
quantum in terra habebat (pro socio. L. 83).

Æstimandæ res dividendæ et justo pretio.
L. 10, § 2, comm. divid.

Dividuntur etiam jura (*vide tamen* L. 6,
§ 6, fam. ercisc).

Quid in officio judicis veniat?

Arbiter singulas res singulis coher. sociisve adjudicat, et invicem in partem pretii condemnat;
cavere debet ut ea non separet quæ separari non
debent.

L. 116, comm. utriusque judicii.

Et dividere fundum potest in certas regiones
ut adjudicet. L. 1. 6. Comm. divid., § quod si.

A divisione vectigalis agri abstinendum putat
Ulp. L. 7, comm. divid.; alioquin præstatio con-

fundetur vectigalis, et dum in plures partes vectig. præst. divideretur, quæ res rationem vectig. confunderet, et incommodum fisco aut Reipublicæ, cui debetur vectig., afferret.

Si quis socius partem suam alienavit ante judicium acceptum, ad officium judicis pertinet ut, eam partem quæ in communione permansit, alicui jubeat tradi, non dividat; ne, extraneo ad quem altera pars pertinet, afferatur incommodum, si plures socii dentur. L. 25, § 6, fam. ercisc.

Sed et servit. imponere potest. L. 22, § 3, familiæ erciscundæ inst.; de officio judicis, § 5 et 6.

Et item duobus ejusdem fundi regionibus divisis imponere potest servitutem. L. 7, § 1, comm. divid.

At semel fundo pure adjudicato, alium adjudicando servit. imponere non potest. L. 22, § 3, fam. erciscundæ.

Ut fundus heredit. fundo non heredit. serviat arbiter facere non potest, quia non hoc in judicium deduct. est, nec deducuntur in familiæ erciscundæ judicio, de quo agitur hic, nisi res hereditariæ. L. 18, comm. divid.

Potest judex in unius personam totam condemnationem conferre, et adjudicare omnes res. L. 55, fam. ercisc. L. 16, comm. div.

Nonnunquam etiam licitatio fit et extraneus

admittitur, maxime si, se non sufficere ad justa pretia, alter ex sociis sua pecunia vincere vilius licitantem profiteatur. L. 3, comm. div.

Item alteri fundum, alteri usum-fructum adjudicare potest.

Si alii fundum, alii usum-fructum adjudicaverit, non communicatur ususfruct. aliter ac si legatum fuisset; nempe non potuit arbiter alteri plus tribuere quam alteri; secus testator.

Quod utilissimum est, vel quod velint omnes, sequi convenit. L. 21, comm. divid.

De evict. cavendum erit L. 10 in fin. comm. divid.

Leges quæ certarum rerum prohibent vendit. ad has licitationes non porriguntur.

Unde, de servo qui in fuga est, liceri debet inter socios, nec erit periculum ne pœna legis Faviæ committatur ex senatusconsulto. L. 19, § 3, comm. divid. L. 2, ad legem Fabiam de plagiariis.

Non est divisio si, citra adjudic., ministerii causa, pupillis heredibus quædam mancipia arbiter reservaverit. L. 31, comm. divid.

Quid de jurium divisione?

Quidem si jus sit natura sua dividuum, qualis est usus-fructus, expedita est divisio.

Ita de usu-fructu judex officium suum dirigit,

ut vel regionibus eis uti-frui permittat, vel locet
usum-fructum uni ex illis, vel tertiæ personæ,
vel si res mobiles sint caveant per tempora se
usuros et fruituros. L. 7, § 10, comm. div.

Et ex certo tempore, et usque ad certum tempus, et alternis annis adjudicari potest. L. 16,
fam. ercisc.

Si usus communis sit, qui nec venire, nec
locari possit, prætor interveniet, et emendabit
rigorem juris qui usus divisioni obstat, ut alius
utatur et alius accipiat mercedem, nec tamen videatur, qui mercedem accipit, magis frui, L. 10,
§ 1, comm. divid., quam uti, quia magis ne-
cessitatis quam fruct. acusa accepit. Inter eos qui
pignori acceperunt talis divisio fieri debet, ut
non vero pretio æstimetur pars, sed in tantum
duntaxat quantum pro ea parte debetur; et si as-
signetur pignus uni ex creditoribus, licentia non
denegetur debitori debitum offerre, et pignus
suum luere, idem dicitur si possessor pignoris
litis æstimationem pignoratitia vel hypothecaria
agenti offerat. L. 7, § 8, comm. div.

Is cui adjudic. in familiæ erciscundæ judicio,
erit damnandus pro parte coheredi, nec ille cavere debet coheredem possessorem indemnem
fore, quia haud secus erit ac si hypothecaria conventus litis æstimatione luisset. Contra potest
agere act. pign. contraria ut debitor totum ei
luat, secus ac si partem possidens alteram emis-

set, quod ei imputari debet, non autem adjudicationis judicium. L. 29, fam. ercisc. Digeste,
§ *sed is*. Nisi tamen objiciatur in judicio familiæ erciscundæ quod animose licitus sit.

Qui sint effectus adjudicationis?

L. 44, § 1, fam. ercisc. L. 47. Eod. L. 9, de
operis novi nunciatione.

Adjudicatio transfert rei adjudicatæ dominium,
et omnes actiones quæ rei sunt vel exceptiones,
sequuntur adjudicatarium.

Adjudicat. prætor tuetur. L. 44, § fam. ercisc.

Si ante adjudicat. actiones motæ sint ab omnibus heredibus, adjudicatarium non sequentur,
sed cavebunt ei coheredes quidquid inde rece-
perint ipsi præstituros, et ipse eis cavebit se re-
fusurum quod impenderint. L. 47, fam. ercisc.

Actiones quæ, non de jure rei, sed propter
rem competierunt, ante adjudicationem, sive
motæ fuerint, sive non, adjudicat. sequuntur.

Jus prædii, id est, servitus. L. 9, de operis
novi nunciatione.

Act. aut. quæ, non de jure rei, sed propter
rem, ante divisionem competierunt, sive motæ
fuerint sive non (velut furti), adjudicat. non sequuntur, invicem de evict. obligantur. L. 14. 6,
famil. ercisc. Vicem empt. divisionem obtinere
placet. L. 16, comm. utriusque.

Nec tamen agere de evictione potest, si sciat rem in ea causa esse ut evicta sit, nisi promissa sit ei. L. 7, communia utriusque.

Divisio efficax est non solum inter ipsos inter quos facta est, sed etiam cum fiduciario facta, valet contra fideicommissarium; item cum auctore divisio facta, contra emptorem valet; item divisio cum creditore partem rei communis possidente facta, valet contra debitorem.

L. 7, § 13, comm. div.

Contra divisio cum debitore qui partem suam pignori dederit facta, non nocet creditori. L. 6, § 8 ff, comm. divid.

Item absenti, inter præsentes facta, non nocet.

L. 17 C. fam. ercisc.

Quæ præcipienda veniant in hoc judicio? Communis servus, si ex re alterius dominorum acquisierit, nihilominus commune id erit; sed is ex cujus re acquisitum fuerit comm. divid. judicio summam præcipere potest. L. 24, C. Div. ff.

Quæ nec præcipienda nec dividenda veniunt, sed alia ex causa?

1° Instrumenta veniunt ut statuatur apud quem deponi debent. L. 5, comm. utriusque judicii, neque enim de his liceri potest. L. 6, fam. ercisc.

2° Si quæ cautiones sunt, apud eum deponuntur qui majorem fundi partem habet, cautione interposita, ut, cum res exegerit, ipsæ exhibeantur. Si omnes ex eadem parte sint domini, nec inter eos conveniat, sortiri oportet, vel eligendus amicus, vel in æde sacra deponi debent. L. 5, familiæ ercisc.

Oportet seniorem juniori, amplioris honoris inferiori, marem feminæ, ingenuum libertino præferri, si dubitetur cui res deponi debeat. L. ult. ff. de fide instrument.

Veniunt quædam in judicio ut corrumpantur, velut mala medicamenta, venena; idem et in libris improbatæ lectionis, magicis, vel aliis. L. 4, § 1, fam ercisc.

Quædam veniunt in judic. comm. dividundo ut rem communem reficiendi vel ea utendi gratia. L. 12 ff. comm. divid.

Paries est sive murus sive maceria. L. 157, de verb. signif.

Comm. divid. agitur aut interdict. uti possidetis, de præstationibus personalibus, de communicando lucro, aut damno quod quis ex re communi sensit, vel de sarciendo damno quod rei communi dedit.

Lucrum omne quod quis ex re hereditaria sensit, tenetur familiæ erciscundæ judicio communicare.

Verbi gratia, thesaurum in terra conditum,

quem socius effodit, communicare debet, etsi
cum extraneo conscio partitus sit, sed dimidiam
semper ut inventor retinebit, sed alteram dimidiam communicabit (si consumpsit, damna-
tione), etiam si cum extraneo conscio partitus sit.
Secus si suam partem a depositario accepisset,
aliis maneret tantum actio. L. 22 , fam. ercisc.

Quidquid ex re communi percepit vel stipulatus est, L. 19, eod.; vel ex ea re quæ apud
hostes est, L. 22, § 5, eod.; et ipsa res venit in
comm. dividundo judicio, cautione interposita
restituendi pretii. L. 23, eod.; idem præstationes
sunt et de ea re quæ periit, L. 14, eod. Præteriti
quoque temporis fructus veniunt. L. 56, eod.;
L. 9, 6, fam. ercisc.

Præterquam si suam partem tantum cepit quanquam alii socii non suam acceperint. L. 38,
fam. erciscundæ. Damnum quod quis sensit, consequi potest ut sarciatur : ergo de impensis. L. 4,
§ 3, comm. divid.

Item ex die moræ usuras consequi potest sumptuum quos fecit, secundum rescriptum Severi et
Antonini.

Quod autem inutiliter impendit, non repetit
v. gr. voluptatis causa. L. 27, neg. gest.

Idem, quod plus quam oportebat impendit.
L. 8, § 3, comm. div. nec obest quod res postea perierit, sed æstimatur eo tempore quo impensum est.

Idem si de peculio actus pro servo decem, peculii decem dedero quanquam postea res peculii
perierit. L. 25, ff. comm. div.

Sed si neutrius culpa fuit : conventi, si male
de peculio non cesserit; alterius, si cum redire
expediret, non voluerit; quo casu quisque suam
patietur culpam. L. 9, dict. tit.

Item condemnatus socius habet comm. div.
judicium, ut cogat cosocium solvere. L. 15, communi dividundo.

Si quis in causam communem sub condit. alicui sit obligatus, veniet hoc judicio ut socius
caveat de refundenda parte ejus quod existente
condit. solvere necesse habuerit. L. 16, comm.
divid.

Si servus communis uni ex sociis damnum fecit, furtumve, hoc ex communi sarciri debet,
aut socii debent quodam modo noxæ dedere.
L. 16, § 6, fam. ercisc.; furti querela quiescente,
etiam si socius partem alienaverit; *quodam modo*
dicimus, quoniam non proprie nasci potest actio noxalis, ex delicto erga dominum ejus pro
parte, actio igitur *utilis* datur comm. div. L. 61,
de furtis; L. 16, § 6, fam. ercisc.; L. 41, de noxal.
act. si liber factus sit, cum eo agi non potest. Sicuti
non ageretur etiam si proprius fuisset inst. de
noxalibus act., § 6. Si mortuus fuerit, nihil est
quod socius consequi possit, nisi forte quid ex
re furtiva socio commiserit.

Non venit in hoc judicio damnum quod quis ex sua culpa sentit. L. 203, de reg. juris.

Si socius, opere in communi æde nunciato, ædificavit, ita damnum repetere potest si damnatus est, si interfuit opus fieri. L. 6, § 12, fam. ercisc.

Cujus temporis lucrum communicandum veniat? fructus ante percepti quam res communis esset, vel sumptus ante facti, in communi dividundo judicium non veniunt. L. 4, § 3.

Ergo, si damni infecti missi in possessionem sumus, et antequam possidere juberemus ex secundo decreto (duo decreta sunt), ego insulam fulsero, sumptus in comm. divid. non veniet. L. 4, in fine; tamen *ex bona fide*, si missi in possessionem a prætore fuerimus, partem servabo judicio utili comm. divid. L. 5, eod.

Idem si missus in possessionem damni infecti, dum nondum possidere jubeatur, sumptus fecerit et postea jubeatur. L. 15, comm. div.

Et post acceptum judicium sive impensa sive lucrum veniet. L. 6, § 3, eod.

Damnum communicandum venit ex hoc tantum gestu, quod quis communi nomine gessit; sin autem non communi nomine, sed ut lucretur solus, magis est ut is damnum ad ipsum respiciat. L. 6, § 2, comm. div.

In hoc judicium, hoc venit quod communi nomine actum est, aut agi debuit ab eo qui scit se socium habere. L. 14, comm. divid.; non enim, si nesciebat, voluit alios erga se obligare, solummodo alios per except. doli mali repellere poterat cum de comm. divid. agitur.

Communi divid. repetere sumptus poterit, si sciverit se habere socium, quanquam, quis sit, ignoret.

L. 6, comm. divid.; L. 29, comm. div.

Exceptionem doli et jus retentionis habebit, si quasi propriam fulsit. Præterquam si suam partem alienaverit, non erit unde retinere possit, sed emptor poterit. L. 14, § 1, comm. divid.

Si in persona error sit, etiam non manenti communione actio impensarum nomine datur utilis.

Diruenda hæc verba *neg. gestorum.*

Ex eo negotio, quod non nisi in solidum geri potest, lucrum damnumve ex his judiciis communicandum venit. Si potuisset sine hoc partem suam administrare, comm. divid. judicio non ageret, sed tantum negotiorum gestorum.

L. 6, § 2, ff., comm. div.

Si damni infecti fidej. in solidum caveris, Labeo ait comm. divid. judicium tibi non esse, cum necesse tibi non fuerit in solidum cavere, sed sufficere pro parte tua. L. 6, § 7, eod.; L. 40, neg. gest. ff.

Item, de vendit. in solidum rei communis, actione neg. gest. agitur, non comm. divid., nisi facile per partem venundari possit. L. 19, 6; negot. gest.; L. 44, § 2, familiæ erciscundæ.

I. 9

Si duo socii damnati sint statuam ponere, et, altero cessante, alter fecerit, non est iniquum comm. divid. judic. dare, a pari. L. 44, in fin. fam. ercisc.

Et si quis Titio debitum solverit, ne pignus veniret, Nerat. scribit posse cum judicio experiri, L. 18, § 7, fam. ercisc., non enim nisi in solidum pignus lui potest.

Si unus ex sociis noxali judicio conventus solvit litis æstimationem, cum id excederet, communi divid. judicio consequetur.

Socius qui damnum aliquid rei communi dedit, tenetur hoc judicio sarcire. L. 8, § 2, ff., comm. divid. continetur judicio communi dividundo culpa socii qui ad delectum, id est, militiam non respondit, et ob id villa succisa est, et arbores erutæ, etc. L. 10, comm. divid.

Nec interest circa quam rem damnum dederit socius, sive corporalem, sive incorporalem.

Tenetur heres sociusve si dolo ejus culpa levi damnum datum est, non etiam si culpa levissima, aut casu. L. 26, ff., comm. divid. Non autem dolus quem servus socii admisit venit in judicio, nisi forte culpa quoque domini sit. L. 45, § 1, fam. ercisc.; L. 24, de reg. jur. L. 52, § 2, pro socio.

Æstimatio damni simplex est. L. 17, fam. ercisc.

Veniunt adhuc in hoc judicio, ut rata serventur, ea quæ inter se socii pepigerunt. Itaque dolus malus venit. L. 3, § 1, comm. divid.; L. 23, eod.

Non autem servabit ea quæ socii, per errorem, contra jus, pepigerunt.

Præstationes personales socii etiam ad ejus heredes porriguntur. L. 4, § 3, comm. divid.

Et etiam si quid socius admisit in re communi, heredem sequitur. Quanquam legis Aquiliæ actio non sequatur. L. 4, § 3, comm. div.; L. 10, eod. Omnes socios eodem modo arbiter damnare debet, sine quo, condemnatio aliorum nullius erit momenti. L. 27, ff., fam. ercisc.

Potest recedi a communione præter hæc judicia per divisionem sponte factam, aut per pactum de parte petenda.

Divisio sponte facta si bona fide inter majores 25 ann., L. 8, 6, communia utriusque judic., valet hæc divisio, sive antequam provocaverunt comm. divid., sive post, dum antequam arbiter officio fungeretur. L. 57, ff., famil. ercisc.

Etiam sine scriptura valent. L. 12. 6, fam. ercisc. L. 4, Cod. comm. divid.

Sub conditione fieri possunt. L. 6, § 6, comm. utriusque judicii.

Si paciscatur socius ne partem suam petat, effectu tollitur societas. L. 14, § 4, ff. communi dividundo.

DE USURIS ET FRUCTIBUS.

Dig. lib. 22, tit. 1.

L. 1, pr.

Dans tous les contrats de bonne foi, les intérêts moratoires sont dûs *non ipso jure* mais *ex
officio judicis;* d'où il résulte que si le juge ne les
a pas compris dans sa sentence, V. L. 13, C. de
usur.; L. 17, § 4; L. 32, § 2, h. t. quoique l'action *ex testamento* ne soit pas de bonne foi,
néanmoins les intérêts sont dûs *ex morâ.* L. 34,
h. t. Cujas pense que cela provient d'une constitution, et il se fonde sur le mot *placuit* qui se
trouve dans la loi 24 de usufr. leg., et qui, suivant lui, désigne ordinairement une constitution.

Il s'agit dans cette loi des *usuræ* ordinaires, et
non des *usuræ, quod administrator mandantis
pecuniam in suos usus convertit*, qui sont toujours *usuræ graviores.*

Asconius, in libro de Divinatione, ait *esse qua-
drupli actionem pecuniæ gravioribus usuris fœne-
ratæ quam pro consuetudine.*

*Quis sit modus legitimus usurarum? Duplex
est; duplum scilicet et centesimum.... Duplum,
quia non possunt deberi usuræ ultra duplum, id*

est, sorte tanto amplius. Finge : cuidam debentur centum, usurarum nomine tulit centum, ultra nihil desiderare potest. Quod amplius solvitur, imputatur in sortem. — Alter modus est centesima, qui obtinuit ante Justinianum, et dicebatur centesima quæ in centenos reddit duodenos quotannis, unum quot mensibus, atque dicebatur centesima, quod ejus pars centesima sit usura menstrua et legitima. L. 4, § 1, de naut. fœn.; L. 8, C. si cert. petat; L. 26, eod. de usur.

Quelle est la loi qui a imposé une limite aux intérêts?

La loi des douze Tables, dit Cujas, permettait une once par cent; elle ne fut pas longtemps en vigueur. Quelques lois permirent *semunciam*. Enfin vint la centesima; quelle loi l'a fixée? *Non liquet.* Cicer., 5, ad Attic. lettre 21. (Remarquez que, dans le commencement de la lettre, Scaptius est dit *ex Cypro*.) Interim cum ego in edicto tralatitio centesimas me observaturum haberem cum anatocismo anniversario; ille ex syngrapha postulabat quaternas; quid ait, inquam, possumne contra meum edictum? At ille profert senatusconsultum Lentulo Philippoque consulibus, ut qui Ciliciam obtineret, jus ex illa syngrapha diceret. Cohorrui primo, etenim erat interitus civitatis. Reperio duo senatusconsulta iisdem consulibus de eadem syngrapha. Salaminii quum Romæ versuram facere vellent, non poterant, quod lex Gabinia vetabat (a syngrapha jus dicere). Tum ii Bruti familiares freti gratia Bruti dare volebant quaternis, si ibi senatusconsulto caveretur. Fit gratia Bruti senatusconsultum, ut neve Salaminiis, neve qui eis dedisset, fraudi esset. Pecuniam numerarunt. At postea venit in mentem fœneratoribus, nihil se juvare illud senatusconsultum quod ex syngrapha jus dici lex Gabinia vetaret. Tunc fit senatusconsultum ut ex syngrapha esset qua vi cæteræ, sed ut eodem. Cum hæc disseruissem, seducit me Scaptius; ait se contra nihil dicere; sed eos putare talenta CC. debere, ea se velle accipere; debere autem paulo minus, rogat ut eos CC. perducam. Optime, inquam. Quid vos? Quantum inquam debetis? Respondent CVI. Refero ad Scaptium. Homo clamare; quid opus est, inquam, rationes conferatis? assidunt, subducunt, ad nummum convenit. Illi se numerare velle, urgere ut acciperet.

Scaptius me rursus seducit. Rogat ut rem sic relinquam. Dedi veniam homini impudenter petenti, Græcis querentibus, ut in fano deponerent, postulantibus non concessi. Clamare omnes qui aderant, nihil impudentius Scaptio, qui centesimis cum anatocismo contentus non esset, alii nihil stultius. Mihi autem impudens magis quam stultus videbatur, nam aut bono nomine centesimis contentus erat, aut non bono quater-

nas centesimas sperabat. Habes meam causam,
quæ si Bruto non probatur, nescio cur illum
amemus; sed avunculo ejus certe probabitur,
præsertim cum senatusconsultum modo factum
sit, puto postquam tu es profectus, in credito-
rum causa, ut centesima perpetuo fœnore duce-
rentur. (Voy. Savigny, Mémoires de l'academie
de Berlin, 1824.)

Voici les idées de Montesquieu sur la loi Ga-
binienne :

Lorsque les prêts à intérêt furent défendus à
Rome, comme les lois civ. rom. ne s'appliquaient ni aux Latins, ni aux alliés, on se ser-
vait d'un Latin qui prêtait en son nom, et pa-
raissait être créancier. Marc. Sempronius fit faire
un plébiscite qui prohibait le prêt entre un allié et un Romain, ou entre un allié et un Latin.
Gabinius, dans la loi qui avait pour but d'empêcher la corruption des suffrages (an 615 de
Rome), voulut empêcher les usures, et étendit
probablement aux peregrini le Sc. Sempronien.

Nota. Le taux de l'argent montait en temps
d'élections.

Dans la lettre première du livre 6, on trouve
ces mots : Confeceram ut solverint centesimis
sexennii dictis cum renovatione singulorum an-
norum.

Dans la lettre deuxième du même livre, on
trouve : Salaminios autem (hos enim poterant

coercere) adduxi, ut totum nomen Scaptio vellent solvere; sed centesimis ductis a proxima quidem syngrapha, nec perpetuis sed renovatis quotannis. Numerabantur nummi, noluit Scaptius. Tun'qui ais Brutum cupere aliquid perdere? Quaternas habebat in syngrapha; fieri non poterat, nec si possit, ego pati possum. Audio omnin Scaptium pœnitere. Nam quod se esse dicebat, ut jus ex syngrapha diceretur, eo consilio factum est quod pecuniam Salaminii contra legem Gabiniam sumpserant. Vetabat autem Auli lex jus dici de ita sumpta pecunia. Decrevit igitur senatus, ut jus diceretur ista syngrapha; nunc ista habet juris idem quod cæteræ. Nihil præcipui.

Cujas, sur ces divers passages, conclut avec beaucoup de raison que la loi Gabinia n'avait pas eu pour but de fixer le taux de l'intérêt. — Mais quel était le but de cette loi? Cujas dit qu'elle avait pour but d'empêcher *versuram*, c'est-à-dire, un emprunt fait à l'un à intérêt, pour payer des intérêts à l'autre; de telle sorte que cela revenait à payer les intérêts des intérêts, puisqu'on payait ceux de la somme empruntée. Il est mention de cette *versura* dans la première lettre du livre V à Atticus, ce mot semble bien signifier emprunt sans qu'il s'agisse nullement d'intérêt.

Gronov. de Cent., et Unc. Usur., II, 36, 60, et Gerard Noodt, de fœnore et usur., II, 4, p. 269, pensent, et après eux Heinecc., Antiq., III, 15, 14, que la loi Gabinia défendait de prêter de l'argent à intérêt au *legatus provincialis*, et défendait au magistrat *jus dicere* sur un pareil contrat.

Peut-être doit-on généraliser et dire que la loi Gabinia défendait de prêter à une ville, ou bien de lui prêter dans une certaine forme.

L'intérêt le plus fort était d'un centième par mois, c'est ce qu'on appelait *centesima* ou *legitima usura*. L. 7, § 4 et 10, de admin. On l'appelait aussi *gravissima*. L. 7, § 8; L. 54, de adm. et per tut.; L. 38, negot. gest. On les exigeait à chaque calende. V. L. 28, § 2, Depos.; L. 47, § 4, de admin. et per tut. On appelait le total pour l'année *assem usurarium*, que l'on divisait en 12 onces. L'once était par mois (V. plus haut) le centième du capital. — Pline, lettre X, 62, dit : *Nam et prædiorum comparandorum aut nulla aut rarissima occasio est. Nec inveniantur qui velint debere reipublicæ, præsertim duodenis assibus quanti a privatis mutuantur.* La plupart des commentateurs ou retranchent le *duodenis*, ou remplacent *assibus* par le mot *usuris*. Autrement, le texte contredirait l'allégation que l'*as usurarius* est le *maximum fœnus*.

Usura centesima rend un pour cent par mois. L. 40, de reb. cred.

Usuræ deunces, par mois 3/4 de l'once, plus 2/12 équivalant à 11/12 de l'once;

Usuræ dextantes vel decunces, par mois 3/4 de l'once et 1/2, équivalant à 10/12 de l'once;

Usuræ dodrantes, 3/4 d'once par mois (nulle part il n'en est fait mention), équivalant à 9/12;

Usuræ besses, qui comprennent 2/3 de l'once par mois, ou 8/12 de l'once. Cic. ad. Attic., IV, 15. Fœnus ex triente idib. quint. factum erat bessibus;

Usuræ septunces, par mois moitié de l'once, et 1/12 équivalant à 7/12;

Usuræ semisses, moitié d'once, c'est-à-dire 6/12. L. 5, pr. de op. publ.; L. 10, de pollicit.; L. 17, de usur.; L. 102, § 3;

Usuræ quincunces, le tiers, plus 1/12 de l'once. — 5/12. L. 17, de usur.; L. 102, § 3, de solut.; L. 5, C. de usuris;

Usuræ trientes, le tiers de l'once, c'est-à-dire 4/12, Cic. ad Attic., IV, 15, L. 7, § 10, de admin. et peric. tutor.;

Usuræ quadrantes, le quart de l'once, 3/12. L. 21, § 4, de ann. leg.;

Sextantes usuræ, le sixième de l'once, 3/12, Tac. Annal., VI, 16. On fait, dans ce passage de Tacite, mention de *semiunciæ usuræ*. V. Liv. VII, 27.

On trouve aussi dans les auteurs *binæ cente-*

simæ, Verr., III, 71 ; *Triplices*, Juven., sat. IX, 7. *Quaternæ*, comme nous avons vu dans l'histoire de Scaptius. Même on trouve *quinæ usuræ*, Horat., I, 2. v. 12.

Nota. Pompée ayant prêté au roi Ariobarzane 600 talents, s'en faisait payer 33 par mois. Cic. ad. Attic.

Sous Adrien, les prêteurs prêtaient 900 sur un billet de 1,000, en outre prenaient l'intérêt légal, avec anatocisme. Nous voyons dans Cic. ad Att., V. 21, que l'anatocisme était permis, puisqu'il l'accorde à Scaptius. Il fait mention d'un sénatus-consulte récent qui le prohibe. Cette prohibition fut plusieurs fois renouvelée. V. L. 27, de re judic.; L. 20, C. ex quibus causis infam. irrog.

Lois qui parlent de la Centesima.

V. L. 2, C. de usur. rei. judic.

Frag. Vat., § 11.

L. 13, § 26, de act. emp. Il y est parlé de constitutions violées par un pareil pacte ; peut-être ces constitutions réglaient-elles le taux de l'argent.

L. 40, de reb. cred. — Remarquez que cette loi détruit le système de Niehbur ; car elle permet la stipulation d'intérêts à 12 p. %, ce qui suppose que l'intérêt légal était au moins à ce taux-là.

L. 17, pr. h. t.

L. 17, § 6, h. t. Il semblerait résulter de cette loi que les *usuræ semisses* étaient l'intérêt sinon légal, au moins habituel pour le fisc. Cujas la dit interpolée par Tribonien, conformément à la loi 26, de usur. C.

V. L. 26, C. de usur.

Paul. sent., II, 14.

L. 17, § ult.

L. 5, pr. de oper. Libert.

L. 1, C. Théod., de usur.

L. 16, C. de usur; L. 12 et 23, Eod.

Montesquieu, Esprit des lois, L. XXII, chap. XXII. Les premiers Romains n'eurent point de lois pour régler le taux de l'usure, on suivait donc les conventions particulières. Les plus ordinaires étaient de 12 p. %. La raison en est que, dans le langage des anciens Romains, l'intérêt à 6 p. % était appelé moitié de l'usure; l'intérêt à 3 p. %, le quart de l'usure. L. 17, de usur.

Tacite dit, Annales VI, 16, que la loi des douze Tables fixait le taux de l'intérêt à 1 p. % par an, mais il est probable qu'il s'est trompé. Dans les discussions à ce sujet, aucun historien n'en invoque l'autorité. La loi Licinia faite quatre-vingt-cinq ans plus tard (Tite-Live, lib. VI), ordonna qu'on retrancherait du capital ce qui avait été payé pour les intérêts, et que le reste serait acquitté en trois payements égaux.

En 398, une loi proposée par les tribuns Duellius et Ménénius, réduit l'intérêt à un pour cent par an. (Tite-Live, lib. VII). C'est cette loi que Tacite confond avec la loi des douze Tables. Dix ans après, cette usure est réduite à moité. Dans la suite, on l'ôta tout à fait *vetita versura* (Tac. d. loc.) vers l'an 413 de Rome. Tit.-Liv., lib. VIII.

Variation à cet égard : tantôt l'usage ramène le *fœnus*, tantôt les lois le prohibent. Appien Bell. Civ., lib. I. Le préteur Sempronius Asellus ayant permis aux débiteurs d'agir en conséquence des lois, Id. Eod., fut tué par les créanciers.

Cujas affirme que la loi des douze Tables fixait le taux de l'intérêt à un p. %; ensuite on en vint aux *usuræ semiunciariæ;* ensuite les intérêts furent prohibés; ensuite, dit-il, on en vint à la centesima, c'est-à-dire 12 p. % par an.

§ 1.

Etiam mora non interveniente.

Mora proprie est si interpellationi debitor non obtemperaverit, hoc est si non solvat;

Ces mots *etiam mora non*, etc., signifient donc sans qu'il y ait eu *interpellatio.*

Le voleur *moram facit reipsa quanquam non interpelletur*; l'associé *qui rem communem contrectat* est regardé comme voleur. L. 45, pro soc. *non fur est, sed prope furem est.*

La loi 60 pro soc. non obst., car elle dit que celui-ci doit *usuras*, *aut qui in usus suos conver-tit*, *aut moram fecit*.

Il y a une alternative dans la loi, dit Cujas, et la preuve en est que la fin de la loi pose cette alternative : *Sed si aut usus non sit*, *aut moram non fecerit*; aussi corrige-t-il la loi, et lit-il dans le commencement : *Aut cum ea pecunia ipse usus sit*, en ajoutant la disjonction *aut*, correction adoptée par Pothier.

§ 2.

Pendant le temps *judicati faciendi*, *usuræ non currunt*. L. 3, § 1, h. t.; L. 13, C. eod.; L. 2, de usur. rei judic.

Après le délai de la chose jugée, courent des intérêts plus forts, la plupart du temps, que l'in-térêt conventionnel, d. l. 2. C'est à ces intérêts que s'applique la question du paragraphe.

La négative à la question est fondée suivant Papinien sur ce que les *usuræ insunt ipso jure actione judicati*, dans laquelle est comprise *ipso jure*, *captio pignorum*. Remarquez la raison de Paul. V. L. 55, de re judic.

Obst. L. 1, C. de sent. quæ sine cert. con-demn. Réponse : Dans l'espèce, il s'agit non pas des *usuræ futuræ*, mais des *usuræ judicati*, usu-res qui sont déterminées par une loi, et qui, par suite, forment une condamnation certaine.

Au lieu de *quod* qui se trouve dans l'édition ordinaire, lisez *quoad*.

Obst. L. 38, pro soc.; L. 41, de jud., dans lesquelles on décide que le juge peut *cautionem interponere de futuro*. Réponse : Il s'agit là de dettes, *in diem*, choses *deductæ in judicium*, et auxquelles, par suite, ne peut s'appliquer la raison de Paul.

§ 3.

Circa tutelæ restitutionem latior interpretatio.

Latior en ce que les intérêts courent en faveur du mineur, quand bien même il n'y a pas eu d'interpellation; quand bien même *non in usus suos convertit*. Circonstances dont l'une, au moins, est nécessaire, pour faire courir les intérêts dans l'action *pro socio*.

Hodie, c'est-à-dire depuis une constit. de Sévère. L. 26, § 1, de fideic. Libert. (Cujas et Ger. Noodt.)

S'il y a offre et dépôt de la part du tuteur, les intérêts cessent de courir seulement du jour du dépôt. L. 7, h. t. Le dépôt équivaut à payement. L. 9, C. de solut.

Si le tuteur *clam pupillarem pecuniam ad suos usus converterit*, il doit *usuras centesimas*, comme tout individu *negotiator alienæ rei*. S'il emprunte *palam*, il doit seulement *usuras ex more*. V. L. 38, negot. gest.

La loi 10, § 3, Mand. dit que le mandataire qui *pecuniam mandatam ad suos usus exercuit,* doit *usuras ex more regionis;* par là, elle contredit la loi 38, neg. gest. — Solut. Dans cette dernière, il s'agit d'un emploi clandestin; dans la première, Secus. V. Cujas, Obs. XIII, 15.

L. 2.

Causa est omne quod actor habiturus fuisset, si tempore litis contestatæ ei reus satisfecisset. L. 20 de Rei. vend.; L. 31 pr. de reb. cred. nec obst. Il doit compte non-seulement des fruits perçus, mais de ceux qu'il a négligé de recevoir; nec obstat, ut vulgo, L. 7, C. de rei vind. quæ est sine taxatione.

Remarquez qu'ici Papinien parle d'une action personnelle et établit la nécessité *computandi fructus,* seulement *post litem contestatam.*

Dans l'action réelle, *post litem contestatam,* le possesseur de bonne foi et le possesseur de mauvaise foi, sont sur la même ligne pour la restitution des fruits; mais ils diffèrent en d'autres points, v. gr., le possesseur de bonne foi sera absous, si la chose revendiquée périt par cas fortuit *post litem contestatam;* Secus, le possesseur de mauvaise foi. L. 40 pr. de petit. her. La loi 16 de rei vind. semble néanmoins ne faire aucune distinction entre les deux possesseurs et limiter à son espèce la loi 40 de her. petit. Remarquez néanmoins, contre cette opinion, que la loi citée est l'application à la pétit. d'héréd. d'une ancienne controverse entre les deux écoles; controverse qui roulait sur la revendication que notre texte appelle *specialis;* controverse, du reste, dont la solution se retrouve dans Gaius, C. IV, 114. En effet, les Sabiniens, qui pensent : *omnia judicia esse absolutoria,* décident que la perte fortuite de la chose *post litem contestatam,* libère le défendeur; conclusion rejetée par les Proculéiens. Paul résout la difficulté, qui était toute de procédure, par une distinction de bonne foi, assez peu logique du reste.

Quoique la loi 16 de rei. vind. ne fasse pas la même distinction que la loi 40 de her. pet., néanmoins il est probable qu'il faut la suppléer, les deux textes étant du même auteur, du même ouvrage et presque du même livre. V. Cujas sur la loi 40 et sur notre texte.

Une autre différence entre le possesseur de bonne ou de mauvaise foi, c'est, suivant Cujas, que *post litem contestatam* le possesseur de bonne foi peut acquérir par l'esclave *ex re sua,* sans qu'il y ait lieu à restitution, tandis que le possesseur de mauvaise foi est toujours incapable d'une acquisition pareille. L. 20, de rei. vind., L. 1, C. eod.

Remarquez que la loi citée ne dit rien en faveur

de l'opinion émise par Cujas. La loi 20 de rei vind. est bien en faveur de cette opinion, en raison de ces mots *non ex re sua*. Mais nous croyons qu'il a donné trop de poids à ces quatre mots, qui semblent même contredire la suite des idées, qui aboutit à ceci : *nec enim sufficit corpus ipsum restitui, sed opus est ut et causa rei restituatur, id est, ut omne habeat petitor quid habiturus foret, si eo tempore quo judicium accipiebatur, restitutus illi homo fuisset.* Il est évident que si la chose eût été restituée *tempore rei in judicium deductæ*, la chose acquise même *ex re aliena* l'eût été au véritable propriétaire. L. 45 de acq. rei div. La loi 40 eod. nous dit formellement que l'aquisition *ex re nostra* n'a lieu que dans les cas où on acquiert les fruits, et pas de doute qu'après le *litis contestatio*, le possesseur même de bonne foi ne soit tenu de tous les fruits. L. 22, C. de rei. vind.

Le texte de la loi 20 est-il interpolé? douteux (*nota :* il semble difficile de supprimer la négation).

Causa præstatur officio judicis.

Remarquez que cette estimation des fruits *in officio judicis* remonte à la loi des 12 Tables.

Elle portait dans la 12ᵉ Table :

Si vindiciam falsam tulit... si velit is..... tor

arbitros tres dato. (Il paraîtrait que toute action en revendication était soumise à trois arbitres d'après la loi des 12 Tables. V. Cic., de leg. I. 21. Quand il s'agissait simplement de l'action en bornage, on n'en donnait qu'un. Voy. un reste de cette loi, C. Théod.; L. 3 Fin. regund.), *Eorum arbitrio fructus duplione damnum decidito.* Fest. verbo Vind.

Voici le sens suivant Pothier : Celui qui de mauvaise foi a fait dire *vindicias a prætore secundum se,* sera condamné au double pour les fruits; ce qui, dit-il, était encore observé du temps de Théodose et de Valentinien Ier L. un. C. Th. de usur. rei judic. (*quod a nobis exemplo æquabili ex juris prisci formulis est introductum ut, quia malæ fidei possessores in fructus duplos conveniuntur, æque malæ fidei debitores simile damni periculum persequatur*). L. 1, eod. de fruct. et lit. expensis. Cette dernière est ainsi conçue : *Litigator victus quem invasorem alienæ rei prædonemve constabit; sed et qui post conventionem rei incubarit alienæ, non tantum simplorum fructuum præstationem, aut ipsorum quos ipse percepit, agnoscat, sed duplos fructus, et eos quos percepi oportuisse constabit, exsolvere. Et prædoni quidem ratio a die invasi loci usque ad exitum litis habeatur; ei vero qui simpliciter tenet, ex eo quo, re in judicium deducta, scientiam malæ possessionis accevit.*

C'est là, dit Cujas, ce qu'on appelle *majores fructus*. L. 12, § 1, de distract. pign. (Douteux que ce mot ait dans cette loi, le sens que lui donne Cujas). V. L. 6, § 7, mand. V. L. 9, § 6, ad exhib. *secundum legem fructus æstimare*, c'est-à-dire, selon la loi des 12 Tables.

Nous devons remarquer que cette condamnation au double des fruits perçus est d'autant plus authentique, que les procédures si compliquées des interdits arrivent à un résultat tout à fait analogue. V. G. IV, 167.

Il paraîtrait, d'après cette loi tirée du Code Théodosien, que cette condamnation au *duplum* était une règle générale en matière de revendication. Du reste, il n'est pas fait mention pertinemment dans les compilations justiniennes de cette condamnation au double, qui paraît abolie. Cujas cite un texte de Paul, sent. V. 9, § 2, qui dit que le possesseur doit les fruits doubles. *Ex die accepti judicii*. Ceci ne tiendrait-il pas dans Paul à la circonstance particulière d'une stipulation qu'il ne nomme pas? Cela peut-être.

V. aussi eod. l, 13 *bis*, 8, qui impose au possesseur d'une hérédité, la restitution au double des fruits qu'il a négligé de percevoir. Il paraît fort probable que c'est l'application de la règle générale en matière de revendication.

Cette législation de la loi des 12 Tables, conservée quant à la nécessité de restituer les fruits, abrogée quant au mode d'estimation, fut étendue des fruits au part et *ad omnem causam*. L. 13, § 1, de rei vind. Cette règle, toute spéciale à la revendication, fut étendue *ex opinione*, par l'avis des jurisconsultes, à l'action *in personam*. V. h. l. et L. 31, pr. de rebus cred. Cette opinion fut introduite par Sabinus et Cassius. L. 38, § 7. h. t. V. q. L. 8, de re judic.

Suivant Cujas, dans les actions de bonne foi, est comprise l'imputation des fruits *ante litem contestatam* et même *ante moram*. Il donne pour exemple l'action *comm. divid.* L. 38, § 14, h. t.; l'action *empti*, qui comprend les fruits perçus *ante traditionem etiam sine mora*. Dans l'action de dot, sont compris les fruits perçus *ante nuptias* par le mari, et c'est une différence à faire entre les fruits, et les intérêts, qui ne sont dus que *ex mora*. L. 32, § 2, h. t.

A l'égard des fruits des choses léguées, ils sont compris dans l'action seulement *ex mora*. L. 3, § 1, h. t.; L. ult. C. de usur. et fruct. legat. — A cet égard, nous ferons remarquer que ceci fait rentrer les legs dans la règle générale; ils ne donnent aucune action de bonne foi, et par conséquent les fruits ne sont compris dans l'action que *ex lite contestata*.

Nous ferons aussi remarquer qu'il est vrai que l'action en revendication du legs ne comprend dans l'office du juge que les fruits *post litis*

contestationem, ou au moins *post moram*. V. ad
L. 10. Ce n'est pas une raison pour refuser au
légataire la revendication des fruits perçus de
la chose léguée *ex die mortis*. Tel paraît avoir
été le droit ancien, sauf le cas de bonne foi.
L. 40, de acq. r. d. ; mais il existe au Code une
constitution de Gordien, qui dit formellement
que le légataire n'obtiendra les fruits de la chose
léguée, soit qu'il agisse *in rem*, soit qu'il agisse
in personam, que *ex die litis contestatæ*. L. 4,
C. de usur. et fruct. legat. C'est la seule à notre
connaissance qui ne puisse se plier à la distinction à faire entre le legs *per vindicat.* et le legs
per damnat. V. en effet L. 1, eod. ; L. 26, de leg.
3°; L. 23, de leg., 1°; L. 8, de usur; L. 39, eod.
— Remarquez que Justinien, L. 46, § 4 et 5, de
episcop. et clericis, en décidant qu'en matière
de legs pieux, les fruits seront dus *tempore mor-*
tis, semble prouver que ce n'était pas le droit
commun. V. Nov. 131, ch. 12.

Du reste, cette singularité, qui se produit pour
la première fois sous Gordien, peut s'expliquer
par cette idée proculéienne qui avait prévalu d'a-
près une constitut. d'Antonin le Pieux, que la
chose léguée *per vindicationem* n'appartenait au
légat. qu'autant qu'il aurait accepté. On conçoit
que l'action étant le meilleur moyen de prouver
l'accept., on en soit arrivé facilement à dire que
ex die litis contestationis seulement, les fruits

seront dus, parce qu'avant ce moment il n'était pas propriétaire. V. G. II , § 195; V. Domat, Liv. IV, tit. 2, sect. 8, n° 3.

La pétition d'hérédité comprendra les fruits perçus *ante litem contestatam*, parce que *hereditas incrementum accipit*, indépendamment de la question de savoir si la pétition d'hérédité est de bonne ou mauvaise foi. § 28, de act. Idem in equitio. L. 39, infra, h. t.

Doit-on les intérêts des fruits?

La loi 51, § 1, de heredit. petit., répond par une distinction : *Fructuum post hereditatem petitam perceptorum usuræ non præstantur : diversa est ratio eorum qui, ante actionem hereditatis illatam percepti, hereditatem auxerunt.*

La loi 15 de usur., tout en étant d'accord sur la première partie avec la précédente, ajoute : *Neque eorum qui prius percepti quasi malæ fidei possessori condicuntur.*

Une constitution de Sévère, dont il est fait mention L. 18, de his quæ ut. ind., défend au fisc, qui réclame une succession d'un indigne, d'exiger les intérêts des fruits, même de ceux perçus *ante litem contestatam.*

Remarquez que la loi 1, C. de her. petit., qu'on oppose ordinairement à la loi 51 de petit. her., ne lui est pas contraire. Il suffit de se bien pénétrer de l'espèce des deux lois pour en rester convaincu.

La loi citée de petit. hered. a pour raison,

que les fruits perçus *ante litem contestatam* entrent dans l'office du juge, sont *deducti in judicium*, comme étant une augmentation, une accession de la chose demandée, et par suite usuræ debentur ex officio judicis. C'est l'application ou de la loi 1, h. t., ou au moins, car il peut y avoir doute sur la question, des règles posées par le sc. d'Adrien, dont la loi 1, C. de hered. petit., paraît être l'application. V. h. l. in fin.

Quant à la loi 16 de usur., qui parle de la condict. des fruits, comme ce n'est pas une action de bonne foi, les *usuræ* des fruits réclamés n'entrent pas *in officio judicis.*

Dans certains cas, quoique l'action soit de bonne foi, cependant la concep. de la formule met la computation des fruits dans l'office du juge. V. Cujas, h. l. in fin.

L. 3, pr.

Nous avons dit que l'action en pétition d'un legs, ou d'un fideicommis, *deducit in officio judicis computationem fructuum.* Ceci n'est vrai qu'autant que l'action provient *ex mora heredis;* quand elle ne provient pas *ex mora*, le fiduciaire ne doit pas les fruits. Cette observation est nécessaire pour l'intelligence de notre paragraphe.

Le décret de l'empereur Antonin était absolument nécessaire, par la raison que le *tempus præ-*

teritum ne peut-être compris dans l'office du juge donné pour l'exécution de la sentence.

Il est question dans l'espèce des *usuræ præte-ritæ*, et non des *usuræ judicati*, sur lesquelles il n'y a pas de doute. L. 1, C. de usur. rei judicat.

Lorsque l'héritier *moram facit*, il doit *fructus et usuræ*, non-seulement *ex lite contestata*, mais *ex mora*. Cujas, L. 84, de leg., 2° Dans un cas pareil, d'après notre loi, il ne jouira pas même du bénéfice *legitimi temporis*, et payera les intérêts pendant les induciæ (Cujas).

§ 1.

Remarquez que l'action en réclamation d'un fidéicommis est *extraordinaria*.

L. 178, § 2, in fin., de verb. signif.

In his quoque, etc. Accipe ut scilicet, qui ante sententiam moram non fecit, sed post sententiam, aut tempora judicati, præstare debet actori usuras, et fructus, et cæteras accessiones, hoc est, omnem causam, a tempore litis contestatæ usque ad rem judicatam, non etiam post judicatum intra legitimum tempus. Quod si moram facit ante litem judicatam, ut puta, quia non fuit ei ratio litigandi, etiamsi moram non fecerit ante litem contestatam, præstat commoda omnia a tempore litis contestatæ in strictis judiciis, usque in diem solutionis, non intermisso legitimo spatio quod condemnatis datur, humanitatis gratia (Cujas).

Nous pensons que Cujas s'est trompé dans une bonne partie de son explication de cette loi. L'espèce qu'il pose est la bonne : il s'agit bien de *mora* qui a eu lieu *post litem contestatam*, et cette *mora* équivaut à celle qui a eu lieu *ante litem contestatam;* mais quant aux raisonnements qui terminent le paragraphe, nous les entendons tout autrement.

La difficulté pour Papinien, c'était de donner un sens à la constitution d'Antonin. Elle ne peut en avoir qu'en supposant que de droit le condamné n'aurait pas été condamné à payer les fruits; pour cela, dans l'espèce, il faut supposer que le condamné n'est pas en retard, car, seulement en raison du retard, il y a condamnation aux fruits dans la restitution d'un fidéicommis. Le retard venant de l'interpellation en justice, il faut supposer une juste raison de se laisser actionner; et l'on suppose un compte à faire pour la quarte légitime. Ceci posé, Papinien, pour justifier le sens qu'il a donné au rescrit, ajoute : S'il était *in mora*, il aurait été condamné aux fruits, et cependant le rescrit d'Antonin l'y condamne pour un retard postérieur; il faut donc, ou qu'il n'ait pas été *in mora* comme je le suppose, ou bien, que de cette condamnation aux fruits il ait été libéré. Comment en serait-il libéré, lui qui a perdu son procès ? Est-ce legitimo temporis spatio ? Non, répond-il, *cum ea temporis intercapedo judicato dilationem dare, non lucrum afferre debeat.* Ce sens nous semble raisonnable, et grammatical surtout, bien plus que celui qui consisterait à entendre, comme Cujas, que, *si mora facta est ante acceptum judicium,* il y aura obligation de payer les intérêts pendant les *induciæ judicati.*

Nous serions donc tout à fait contraires à la conclusion de Cujas, qui veut que *si mora facta est ante lit. contest.,* on ne tienne pas même compte au condamné des *induciæ,* pour le payement des intérêts. — Ce qui nous confirme encore dans notre opinion, c'est la fin du § 1er, qui, après avoir appliqué aux *judicia* simplement *stricta,* ce qui est dit dans le pr. — ajoute : *certe post rem judicatam tempus a fructibus dependendis immune est.* Il faut avouer cependant que le § 1 pourrait s'entendre seulement de la première hypothèse, c'est-à-dire, du rescrit d'Antonin, et ne contredirait nullement l'opinion de Cujas.

§ 2.

Règle générale : les fruits et les intérêts ne sont pas compris dans un fidéicommis ; quoique non compris dans le fidéicommis, *heredi imputan-*

tur in Falcidiam; de même ils forment compensation avec les dettes qu'il a payées. L. 18 ad. sc. Trebel. L. 78, § 31, ad leg., 2°. L. 15, § 6, ad leg. Falc. En effet, on impute in Falcidiam *quidquid hereditario jure obvenit.* L. 74, ad leg. Falc., L. 91, eod.

Il y a exception à cette règle d'imputation des fruits sur la Falcidie, en faveur des fils. V. L. 6, pr. C. ad Treb.

Obst. L. 58, §. 7, ad Trebell.

Cujas retranche simplement la négation de cette dernière.

Nonnulli negationem retinendam putant et distinguunt inter illa verba quod ex bónis et hæc *quod ex hereditate* superfuerit; priori casu fructus restituendos, altero non, quia fructus magis accesserunt hereditati quam sunt ex hereditate, ex qua, id quod supererit heres rogatur restituere.

§ 3.

La raison de ce paragraphe est que la *dilatio fideicommissi* a lieu *fideicommissarii tantum gratia.* L. 43, § 2 de leg. 2°.

L. 4.

La règle générale en matière d'action *empti* se trouve dans le § 2 des frag. du Vatican : *ante truditam possessionem emptori quoque fructus rei vice mutua præberi necesse est.* Les fruits sont donc compris dans l'action *empti*, et le texte que nous citons ajoute même qu'ils sont dus *sine mora*. Ce texte est tiré du livre 3 des réponses de Papinien. La même doctrine se trouve au § 15, eod. V. aussi L. 10, § 13 de act. empti, L. 13. C. eod. La question posée par notre loi n'est donc pas précisément celle de savoir, dans les cas ordinaires, à qui profitent les fruits, mais bien au cas où on agit en vertu de certaines stipulations qui accompagnent souvent la vente, et souvent même quelquefois l'action empti. Cette stipulation, prétorienne de sa nature, est ainsi conçue, *rem dari et vacuam possessionem tradi.* En vertu d'un titre pareil pourra-t-on réclamer les fruits? Oui, dit Papinien, *propter inferiora verba*, et il accorde, en raison de ces *inferiora verba*, une action *incerti ex stipulatu.*

La manière dont s'exprime Papinien semble bien prouver que c'est à la dernière partie de la formule qu'il attribue la force de comprendre les fruits et le part, car il ajoute à la fin de la loi : *sed tamen propter illa verba possessionem tradi, potest dici partus quoque rationem committi incerti stipulatione. Etenim, ancilla tradita partum postea editum in bonis suis reus habere potuisset.*

La loi 3, § 1, de actionibus empti, dit formellement que les fruits ne pourront être deman-

dés en vertu de l'action *ex stipulatu;* au cas où
il y a eu stipulation *rem dari,* comme au cas où il
y a stipulation *vacuam possessionem tradi.* — Au
contraire, la loi 52, § 1, de verb., oblig. qui ne
parle que de la seconde partie de la stipulation,
dit qu'elle comprend non-seulement le fait du
promettant, mais aussi *causam bonorum.* Un
grand nombre d'auteurs n'hésitent pas à attribuer à la réunion des deux clauses l'effet de comprendre les fruits, et, par là, concilient l'antinomie de cette loi et de la loi 3, § 1, de act. empt.
précitée. — Mais il faut remarquer que Pomponius refusant aux deux clauses séparément l'effet
de comprendre les fruits, on ne voit pas comment leur réunion pourrait leur faire produire
cet effet. Cujas regarde cette conciliation comme
inadmissible.

Une autre consiste à dire que, dans l'espèce
de notre loi, il y a novation de l'action *empti,*
et que, par suite, cette stipulation doit comprendre, dans l'intention des parties, tout ce
que comprend l'action *empti;* tandis que, dans
la loi 3, § 1, de act. empti, il n'y a pas de novation, comme le prouve la loi elle-même. Cujas
répond qu'évidemment dans l'opinion de Papinien, dans la stipulation *rem dari,* quand bien
même il y aurait intention de nover, ne seraient
pas compris les fruits, si cette stipulation était
seule.

Dumoulin et Pothier pensent qu'il n'y a pas de conciliation possible. Cujas se contredit sur ce sujet, mais semble du même avis en définitive.

L. 6.

Cujas dit que les intérêts ne sont dus par le père ou le maître qu'autant qu'ils ont été stipulés. L. 10, § 5, de in rem verso. Nous regardons l'action de in rem verso, non pas comme une action d'une nature particulière, mais comme une qualité donnée à l'action du contrat; de telle sorte que nous résoudrions la question par une distinction, et nous regarderions le père comme tenu des intérêts, alors que le fils en est tenu. La loi citée ne s'opposerait pas à ce système.

Antonin décide que le payement des intérêts fait par le père ou le maître pendant un long temps, amène à cette présomption qu'ils sont dus.

Obst. L. 7, C. de usur. Pothier répond que dans cette loi, *usuræ solutæ sunt, non longo tempore, sed aliquando.*

Obst. L. 31, de oper. libert. — Même réponse.

Obst. L. 28, Cod. de pact. — Même réponse.

Cujas répond que, dans tous ces cas, il est vrai que le payement *usurarum non constituit obligationem*, mais *inducit præsumptionem;* ce qui ne se contredit nullement. — Voy. un cas pareil, L. 1, C. de fideic.

Cette dernière loi entend *multum tempus* du laps de trois ans; ce que Cujas étend à notre loi, à la loi 13, eod., et à la loi 5, C. eod.

Voyez dans la note de Pothier, l'opinion de plusieurs auteurs qu'il réfute.

§ 1.

La dot fut autrefois de 100,000.

La loi Papia *modum imposuit dotibus*. L. 2, C. Théod. de inofficiosis dotibus.

L. 7.

V. quoque L. 1. § 3, h. t.; L. 6 et 19, C. eod.; L. 28, § 1, de admin. et peric. tut. On suppose que le débiteur a repris l'argent.

L. 8.

Fœtus secundus in fructu non est; sicut nec et partus ancillæ, sed causæ adnumeratur.

Fructus fructus non est, nec usura usuræ. L. 15, h. t.

Cujas, à propos de cette loi, avance que la propriété ne passe pas au fidéicommissaire dans la restitution d'un fidéicommis; c'est une erreur, on la transférait.

Ad. leg. 39, h. t. Differentia hæc est inter equos legatos, et legatum equitium; quod equorum nomen positione est plurale, sed potestate est singulare, quoniam ex certis corporibus, singuli legati intelliguntur. Continet igitur equorum legatum certa corpora, quæ nec augmentum, nec diminutionem recipiunt; proinde eorum legatum fœtus incremento non augetur. Equitium autem est nomen positione quidem singulare, sed potestate universale, quod continet plura et incerta corpora, quæ sunt huic uni nomini subjecta.

L. 9, pr.

L'espèce de ce paragraphe se retrouve dans les fragments du Vatican, § 11. Ce texte des fragments est celui cité dans d. l. 13, § 26 de act. empti., qui nous manque; il est tiré du livre 3 Resp. Pap. V. quoque L. 13, § 26, de act. empti.

Cujas dit qu'un pareil pacte violerait la loi Gabinia, mais il n'explique pas comment.

Dans l'espèce, utile per inutile non vitiatur, secus en matière de fidéjussion.

§ 1.

Non enim pœna, id est, non usura usurarum (Pothier).

Ce paragraphe prouve que *usurarum committitur stipulatio sua die*, même sans action.

Bien que Papinien sépare les *usuræ a pœna*,

I.   11

néanmoins la loi 11 eod. et la loi 12 confondent l'espèce *cum pœna*. Cujas dit, comme Pothier, que c'est une peine en effet, mais que Papin. a entendu que ce n'est pas là *usuræ usurarum*, chose défendue; que la convention n'a pas pour effet de faire courir concurremment les *majores usuræ* et les *minores*.

Non usuræ usurarum promissæ sunt, sed usura sortis.

La fin de la loi ajoute que, *si post mortem creditoris, nemo fuit cui pecunia solveretur, usuræ cessabunt.*

Obst. L. 18, § 1, h. t. Cujas répond que, dans l'espèce de cette dernière, la tradition ayant été faite du vivant du vendeur, l'acheteur était en faute de n'avoir pas payé le prix.

Nous pensons que la véritable conciliation est celle-ci : que, dans l'espèce de la loi 18, il s'agit d'intérêts purs et simples, qui sont dus, bien que personne ne soit là pour les recevoir; tandis que, dans notre paragraphe, il s'agit d'*usuræ pœnales* : pour qu'elles soient dues, il faut qu'il y ait faute; circonstance qui n'existe pas dans la loi précédente.

Il paraît qu'en matière de vente les intérêts du prix étaient dus par le vendeur *post traditam possessionem*, et les fruits au vendeur *ante traditam*, sans faire entrer en considération le retard. Fr. vat. § 2. Cependant, à cette dernière

partie du texte, obst. L. 13, C. de act. empt. ven-
diti, qui considère les intérêts comme dus seulement *ex die moræ*. C'est du moins là ce qu'on
doit conclure du sens que lui donne Pothier.

Ce que dit la seconde partie du texte des fragments du Vatican, que les fruits sont dus avant
la tradition, doit s'entendre *vice mutua*, c'est-
à-dire, si le prix a été payé. Paul, sent. 11, 17,
§ 7. Cependant, il faut remarquer, à l'égard de ce
dernier texte, qu'il y a doute; Cujas l'écrit d'une
façon, d'autres d'une autre. V. Cuj., obs. XXI, 15.

L. 10.

Il s'agit dans cette loi du cas de revendication,
peteretur. Cuj. ad. h. l. Poth., n° 39, de rei vind.

Du reste, le principe de cette loi se doit étendre de même aux actions personnelles. L. 2, h. t.

Obst. L. 23 de judic. — Accipe eam de iis quæ
extrinsecus accesserunt, non de iis quæ ex ipsa
re veniunt.

Résumé de la doctrine de Cujas sur les fruits.

1° Dans les actions *in rem*, comme dans les
actions *in personam, omnis causa rei præstatur
post litem contestatam* V. L. 2, et eo h. t.

2° *Si partus sit editus ante litem contestatam,*
il n'est compris ni dans l'action réelle, ni dans
l'action personnelle, quia in judicio hujus rei

non vertitur quæstio. L. 16, § 4, de pign. L. 25, § 8, de æd. eod.

3° Dans les actions *bonæ fidei* est compris le *fructus perceptus* ou *partus editus ante litem contestatam*, ou même *ante moram*. L. 38, § 14, h. t., V. gr., dans l'office du juge est comprise la restitution des fruits de la chose jugée; obst. tam. L. 41, § 5, de fideic. lib. Casus singularis.

4° Différence entre les *usuræ* et les *fructus*, en ce que *usuræ non veniunt in officio judicis nisi post moram*, tandis que *fructus percepti, non quos neglexit, veniunt, etiam ante moram, qui exstiterunt ante litem contestatam*. L. 32, § 2, h. t.; L. 54, pr. loc.; L. 2, C. Depos. vel contra.

Obst. § 2, vat. fragm. Dic hoc speciale cum de compensatoriis agatur usuris.

5° Si, dans la formule de l'act. *stricti juris*, le préteur emploie le mot *restituere*, la signification étendue de ce mot amène à ce résultat, que les fruits perçus avant la *litis contestatio* sont compris dans l'office du juge. L. 38, § 4. 5, 6, h. t.

6° En matière de legs et de fidéicommis, quoique du reste assimilés aux actions de bonne foi, il n'y a que les fruits qui sont perçus *post moram*, ou *post litem contestatam*, qui soient compris dans l'office du juge. L. 8; L. 14, pr. h. t.; L. 4, C. de usur.

Règle générale. Dans les actions de bonne foi,

sont compris *sine mora* les fruits perçus ; *post moram*, usuræ et fructus non percepti.

7° Les fruits perçus *ante moram* profitent à l'héritier. L. 23 ; L. 91, § 7, de leg. 1° ; L. 26, de leg. 3°.

L. 11, pr.

Procurator reipublicæ pecuniam reipublicæ diversis fœneravit, atque graviores usuras *suo nomine*, vel *simpliciter* stipulatus est, ni dicto tempore solverentur usuræ solitæ.

La question est de savoir si la république a droit à ces *usuræ majores*, de telle sorte qu'elle les perçoive, sans que cela entre en compensation des pertes faites sur les autres créances, dont le procurator devra rendre compte.

La république argumente de la coutume, et dit que comme les *usuræ majores* sont dues *ex consuetudine*, après la cessation de payement, c'est elle qui doit en profiter.

Le procurator, de son côté, argumente de ce que la coutume accorde *majores usuras reipublicæ*, mais dans le cas seulement où *usuræ defecerunt*, et qu'au total, au moyen de la compensation, dans l'espèce, *nullæ reipublicæ defecerunt*.

A la fin de ce paragraphe, la leçon Florentine porte : *etiamsi omnia nomina idonea sint*. Les Basiliques et Cujas lisent : *non idonea sint*.

Solitæ usuræ rerumpublicarum debitoribus
impositæ sunt *semisses*. Plin. 7 et 10, Epist.
Plin 14, Natur. hist.

§ 1.

Quel peut être l'intérêt de la question, quand
il s'agit d'un esclave public?

Quid si celui qui a fait stipulation est, non
pas un homme libre, mais un esclave public?
Dans ce cas, la règle de droit veut que l'obligation acquise par l'esclave de la république soit
acquise à la république. L. 3. L. 15 de stip.
serv.; tandis que l'on n'acquiert pas une obligation par un homme libre. L. 24, § 2, h. t. L. 3,
pr. quod vi aut clam. L. 11, § 6 de pign. act.

Mais, par raison d'équité, on décide comme
dans le cas précédent. Les derniers mots du § *si
non sit parata respublica*, signifient : si la république ne veut pas prendre à son compte tout
le dommage.

Il en est de même *fere* du tuteur, selon l'opinion de Marcellus. L. 16, de administr. et peric. tut.

L. 13.

Pierre Favre lit : *cum per debitorem non ste-
terit quominus majores solvat,* au lieu de *minores;* le sens serait alors : que le débiteur offre
les intérêts convenus. Il y a pacte présumé, si le

créancier lui remet par le fait une partie. Idem Shultingius.

Pothier et Cujas la lisent telle qu'elle est dans les Florentines. Le débiteur ne pourrait opposer l'exception, si, dans le payement, il y avait eu retard, car il ne peut invoquer un pacte *cui ipse non paruit*.

L. 14, pr.

Partum, et omnem causam. L. 8 et 39 h. t. et omne damnum. L. 26 de leg. 3°.

§ 1.

L'obligation de restituer, imposée à l'héritier *post mortem*, possible dans un fidéicommis, ne l'est pas dans un legs. G. I. 277. Différence abolie par Justinien. Inst. de leg. § 35.

Obst. L. 22, § 3, et L. 58, § 4, ad Sc. Trebell.

Discussion de jurisconsultes, Cujas. Id. Pothier. Voyez cependant dans la note n° 13, ad. Sc. Trebell., l'opinion et la conciliation d'un certain Pacius.

L. 5.

Il faut supposer que les fruits ont été vendus, et que ce qui est dû, c'est le prix, pour que la question des intérêts se puisse élever. *Fructuum usuræ non sunt.*

Dans la seconde partie de la loi, il s'agit des

fruits perçus avant *litem contestatam* et consommés. Usuræ non debentur ex perceptione *usque ad litem contestatam*, mais, *post litem contestatam*, debentur. L. 2, h t.

L. 16. § 1.

V. Fr. Vat. § 2.

L. 17. § 2.

Usurarum emolumentum aufertur heredi; scilicet usuræ perceptæ a debitoribus heredit. non autem cogitur præstare usuras usurarum. L. 18, pr. de his quæ ut ind.

§ 5.

Foricariis. Cuj. interpretatur eos qui latrinas publicas a fisco conducunt certa mercede, ut ipsi minuta æra accipiant ab his qui in foro exonerare alvum voluerint. Juvénal, sat. 3.

§ 7.

Cujas dit que c'est là une addition de Tribonien, qui conforme ce texte à la loi 26, C. de usur.

§. 8.

Usque ad tertiam centesimæ.
Interpolation de Tribonien. L. 26, C. de usur.
L'interpolation de ce texte résulte de la loi 5,

de oper. publ., où est rapporté un rescrit d'Antonin le Pieux, qui ordonne une autre computation. Cette loi, qui paraît avoir été respectée par Tribonien, pourrait amener à penser que le § 7 n'a pas été interpolé, comme veut Cujas.

Obst. L. 16, pr. supra.

Solve. Différence à faire entre la *pollicitatio* pure et simple, et la *pollicitatio ad honorem*. Voy. Poth. ad. d. leg. et Tit. de pollicit.

L. 18, pr.

La convention porte que emptor restitueret pretium, *duntaxat*, ajoute Pothier; *in simplum*, dit Cujas.

Incommodum medii temporis emptoris damnum est, parce que *temere forsan litigavit*, Græci aiunt. Cuj.

Cette décision est qualifiée par Cujas de perquam singulare.

§ 1.

Nec obst. L. 9, § 1, supr. V. ad hanc leg.

L. 19, pr.

Neque ususfructus rursus fructus eleganter computabitur. Car les fruits qu'on perçoit ne sont pas les fruits de l'usufruit, mais les fruits de la chose qui y est soumise.

L. 20.

Excipe Nov. 32 et 34.

L. 25, § 2.

Obst. L. 23, § 1, et L. 48, § 1, de acq. rer. dom.

Réponse : Le possesseur de mauvaise foi fait siens les fruits, c'est-à-dire, qu'il ne les rendra qu'autant qu'il sera évincé; et s'il n'est pas évincé, parce qu'il aura usucapé, il ne les restituera pas. On ne pourra l'attaquer sur ce point. Cuj. M. Ducaurroy.

L. 26.

Quoniam regionis hoc est commodum a natura datum hominibus, non agris, cum ubique cuique venari liceat, etiam per alienos agros.

L. 30.

Cum alioquin stipulatio necessaria sit; in contractibus scilicet stricti juris.

L. 32.

An cum dies certus stipulationi dictus sit, ex ipso eventu diei mora fiat, dissentiunt prudentes. Voy. Poth. ad hanc legem.

§ 5.

Utilis actio, ex stipulatu scilicet, cum directa sit legis Aquiliæ.

La loi 19 de dolo malo, accorde, dans l'espèce, l'action de dolo; ergo, dans l'opinion du jurisconsulte, pas d'action utile ex stipulatu.

Dicit Cujac. restitui actionem ex stipulatu quæ ipso jure fuit perempta ea actione de dolo. L. 38, § 4 de solut.

L. 34.

Et in cæteris judiciis bonæ fidei servatur. Scilicet, dit Pothier, ut fructus usuris æquiparentur. Nous croyons que ceci se rapporte à une idée antérieure dans le texte d'Ulp., qui serait celle-ci, que, dans toutes les actions de bonne foi, les fruits *ex mora* sont compris dans l'office du juge.

L. 35.

Pothier et Cujas veulent voir dans cette loi l'application du principe de la loi 29 de nov., c'est-à-dire, qu'il s'agit, selon eux, d'intérêts stipulés, qui ne cessent pas de courir *lite contestata*, tandis qu'ils cesseraient par une novation volontaire. Peut-être pourrait-on simplement y voir l'application de la loi 2.

L. 38, § 1.

Renuntiata affinitas : id est, renuntiata sponsalitia quibus contrahendo sperabatur affinitas.

On doit restituer les fruits. Pothier ajoute que c'est là une condition *ob rem dati causa non secuta*. Dans cette action le possesseur est tenu de rendre non-seulement les fruits existants, mais tous ; car il n'est pas tenu comme possesseur, mais comme obligé ; obligation qui comprend *omnem causam*.

Posteriores, etc., omnimodi restituendi, id est, sive perceperit nec ne.

Ratio autem.... La raison, dit Pothier, pour laquelle sponsus tenetur de perceptis tantum, non autem de percipiendis, antequam in mora fuit.

Licuerat ei. Le fonds étant devenu celui du sponsus, une fois qu'il est in dotem datus, il en résulte que le sponsus pouvait fructus negligere, tant qu'il n'était pas actionné ; suæ quisque rei moderator et arbiter.

Peut-être peut-on dire que ces mots : *ratio hæc est*, se rapportent à la phrase précédente, qui parle du cas où *per mulierem stetit quominus affinitas contraheretur*.

§ 2.

Sed perceptus tantum, non omni modo, post moram omni modo. Mais ceci n'entrera pas dans l'office du juge.

§ 7.

Fructus non autem usuras. Shulthing. Thes. controv. Decad. 94. Thes. 3. — Contra censeo. L. 2, h. t.

§ 8.

Statim ex quo solutum pretium.

§ 10.

Sicut diximus, id est, omnes quos percepit ante moram, post moram omni modo. § 1, h. l.

§ 13.

In fructibus prædiorum urbanorum, scilicet pensionibus quæ pro fructibus habentur.

§ 15.

Omni modo, sive percepti, sive non percepti ante moram; non percepti post moram.

L. 41, pr.

L'effet de l'appel est d'éteindre la première sentence. L. 2, § 2, de pœnis; L. 1, § 14, ad senatusc. Turpill.; L. 6, § 1, de his qui notantur infamia. — Puisque l'appel anéantit la première sentence, il semble qu'il ne peut y avoir *usuræ judicati* cum judicatum non sit. Mais le jurisconsulte décide que, dans le cas d'une *appellatio moratoria*, le juge pourra condamner *tutorem etiam in usuras medii temporis*, par la raison que *moratoriæ appellationes frustratoriæque non tam appellationes quam ludificationes sunt.* L. 1, C. Th., quar. appell. non recipiant.

La loi 24 pr., de appell., nous dit que, quand même l'appel aurait été fait de bonne foi, l'appelant condamné pourrait être forcé par action utile à payer *usuras medii temporis;* mais il faut remarquer que dans la loi se trouvent ces mots : *diu tractum est*, l'affaire a été traînée en longueur *dolo*, et c'est comme si l'appel eût été dolosif. V. L. ult., de re judic.

Cujas entend la loi des *usuræ judicati;* peut-être pourrait-on l'entendre des usuræ pures et simples. L. 1, in fin., h. t.

Pourquoi, dans le cas des lois 64 de re judic., et 24 de appell., y a-t-il lieu à une action utile? Est-ce que, dans les actions de bonne foi, la *mora* n'est pas comprise dans l'office du juge? Peut-être faut-il supposer que ce juge n'en a pas parlé dans la sentence? Cujas affirme cependant que les *usuræ* ont été comprises dans la condamnation, par la raison qu'il ne peut y avoir action *judicati* que *ex judicato*. V. ad nostr. leg. Cependant, ad leg. ult. de re judic., il dit que les *usuræ* n'ont pas été comprises in condemnatione comme *usuræ judicati quæ ipso jure debentur.*

En prenant cette dernière hypothèse, on s'explique très-bien que les *usuræ judicati* courent seulement *post inducias judicati*, L. 2, C. *de usur. rei jud.* ; et le *judicatum* n'ayant lieu que *ex die novissimæ sententiæ*, l'action *judicati* civile ne comprenne pas les *usuræ medii temporis*, et qu'il faille une action utile pour les réclamer. — Nous croyons que les intérêts du retard peuvent être obtenus par deux voies, soit par l'office du juge près duquel on appelle, comme dans notre loi, et c'est là son vrai sens, soit par une action utile *judicati.*

§ 2.

V. L. 31, h. t., L. 59, § 2, de re jud.

In dubiis faveas debitori. L. 41, § 1, de reg. jur.

Stipulatio facta est; ex pacto enim non possent usuræ repeti.

L. 42.

..... *Acquisitum ex causa fideicommissi dominium.* Cujas ajoute : *possessionis tantum*, parce que le fidéicommis est de droit prétorien. Nous croyons qu'on pourrait arriver au domaine quirit., même dans ce cas, par la mancipation, et qu'elle pourrait être imposée au fiduciaire.

Est alia ratio dotalium fructuum, soluto matrimonio. L. 7, sol. matr.

L. 43.

Fisci privilegium est, ut ex suis contractibus
ei quasi ex tacita stipulatione debeantur usuræ.
L. 17, § 5, h. t.

Les Basiliques et Cujas lisent: *petere non posse.*
Ils se fondent sur ce que le privilége du fisc lui
est en quelque sorte personnel. Nous préférons
la leçon Florentine.

L. 48.

Fructus legati ex mora debentur; moram facere videtur qui calumniæ causa actionem movet.

L. 45.

Sicuti nec cujuslibet, etc.

Ex his verbis vulgo concluditur bonæ fidei
possessores non lucrari fructus naturales, quod
Noodt non probat. Sic ergo textum hunc intel-
ligendum putat, ut non omnis, qui aliquo modo
bona fide possidere dici potest, eos lucretur,
qualis est in hac specie conjux, qui naturaliter
rem sibi donatam possidet, quales essent omnes
qui destituti sunt titulo apto ad transferendum
dominium; cæterum negat hunc esse sensum,
ut nullus bonæ fidei possessor fructus naturales
lucretur.

Id. Vinnius.

Quatre systèmes sur la matière :

1° Le possesseur de bonne foi gagne les fruits perçus, consommés ou non. Il a le même droit que le propriétaire. L. 25, § 1, h. t.; L. 48, pr., de acq. r. d.; L. 136, de Reg...; L. 22, C. de rei vind. Dans cette loi, ils entendent *extantes*, fruits sur pied. V. Donneau.

Remarquez, pour réfuter ce système, qu'on oppose constamment les fruits existants aux fruits consommés. L. 3, C. d. condict. ex leg. d.; L. 22, de rei vind.; L. 4, C. de crim. expil. hered. Remarquez néanmoins que, dans ces textes, il s'agit du possesseur de mauvaise foi qui ne fait les fruits siens d'aucune manière. Dans la loi 22, nous avons dit comment on entend le mot *extantes*; on argumente, pour soutenir cette signification, de ce que *stare* est synonyme de *pendere*. L. 26, § 1, de furtis, remarquez que *stare* et *extare* sont deux mots; en outre, à quoi bon dire que les fruits pendants sont restitués; ne sont-ils pas compris dans la revendication du fonds lui-même?

2° Le possesseur doit restituer non-seulement les fruits qui existent en nature, mais encore ceux consommés, *quatenus locupletior*, ou *quatenus propriæ pecuniæ pepercit*.

Ainsi, dans le cas de condictio indebiti, il en est ainsi. L. 15 pr.; L. 65, § 7 et 8, de condict.

1º Ces lois ne distinguent pas si le débiteur s'est enrichi ou non.

2º Il s'agit là de la condition, et non de la revend., act. réelle.

Fruits consommés, dans ce système, équivaut à fruits perdus. L. 24, § 4, de minor.; L. 25, § 15, de her. petit.; L. 17, quod met. causa. Dans ces textes, le mot *consumere* est pris seulement pour perdre. On argumente aussi de la loi 72, de leg. 3º Tous ces arguments d'analogie ne signifient rien. On pourrait en tirer de contraires de L. 1, de naut. fœnor.; L. 18, § ult., de jure fisc.; L. 32, de minor.

Pourquoi ne pas décider, dit-on, dans le cas rei singularis, comme on fait au cas d'une hérédité? Réponse : *Fructus augent*, etc.

3º On distingue entre les fruits naturels et industriels; les derniers seulement peuvent appartenir au possesseur.

On se fonde sur le § 35, inst. de div. rer. *pro cultura et curâ.* On entend, dans la loi 48, de acq. r. d., qu'on objecte, le mot *omnes*, en ce sens qu'il fait siens les fruits à *quolibet sati.* L. 25, § 1, de usur. On se fonde aussi sur la loi 45, de usur.

Quant au premier argument, on peut répondre 1º, que le § 25 peut s'entendre en ce sens, que les fruits naturels appartiennent au possesseur, au moins jusqu'à concurrence de ses soins, quelque minimes qu'ils soient; ou mieux, que les Inst. ont parlé de eo quod plerumque fit.

Quant à la loi 45, de usur., voy. plus haut le sens de Noodt. adopté par Vinnius et Pothier.

Enfin, voyez L. 4, § 2, fin. reg., qui ne distingue pas.

4° Le possesseur de bonne foi doit rendre les fruits en nature, mais non ceux consommés de bonne foi, § 35, Inst.; L. 22 ; Cod., de rei vind.; L. 48, pr. de acq. rer. dom.; L. 24, § 2, fin. reg.

Addition au titre :

DE USURIS ET FRUCTIBUS.

Voyez frag. Vatic., § 1, 2 (§ 9), 11, 14, 15 (ainsi que les lois citées en note), 17, 65, 114.

Repetita prælectio.

L. 1, pr.

Cette loi, ainsi que la loi 13, C. de usur.; L. 17, C. de usur.; L. 37, h. t.; L. 38, neg. gest., est un argument en faveur de ceux qui pensent que les intérêts moratoires ne courent pas *lite contestata*, dans les act. stricti juris. V. surtout L. 15, h. t.

Cujas admet cette règle, et regarde la condamnation aux intérêts dans les legs et les fidéicommis comme un cas spécial. V. L. 34, h. t., qui résume fort exactement cette opinion. Les intérêts dus *ex mora*, en matière de legs, étaient déjà admis du temps d'Ulpien. L. 39, § 1, de leg. 1°. — Paul Sent., L. 3, t. 8, § 4.

Si, dans une action de bonne foi, le juge n'a pas tenu compte des intérêts, on ne pourra pas les réclamer devant le même juge, parce que son office est terminé par la sentence; on ne pourra pas les demander non plus devant un autre juge, parce que, dit Cujas, in bonæ fidei judiciis, non est alia actio sortis, alia usurarum : nec existimavit judex in ea re, rationem habendam esse usurarum. L. 4, de pos.; C. L. 13 ; Eod., de usur.: et c'est là l'explication et l'intérêt de la différence que l'on fait., L. 60, pro soc., entre les intérêts dus comme intérêts, et ceux dus *quasi moram adhibuit.*

§ 1.

Etiam mora non interveniente.

Voyez loi 60, pro soc., dans laquelle Godefroy voit une antinomie, on ne sait pourquoi. Remarquez ce que dit Cujas sur les termes de cette loi : *Sed non quasi usuras*, etc., au mot *usuras*; dans son explication, il substitue le mot *fœnus.*

§ 2.

Cum in potestate sit actoris judicatum exigere : in quo ipso jure usuræ insunt atque etiam graviores.

Paulus notat..., etc.

Obst. L. 1, C. de sent. quæ sine cert. quant. — Réponse : Il s'agit dans cette loi des intérêts *judicati*, auxquels le juge de cette action a condamné le débiteur *quoad soluta fuisset*, jusqu'au jour où le payement a été effectué, soit volontairement *post judicati litem contestat.*, soit *pignorum distractione*. La question soulevée dans cette loi est de savoir si la condamnation est suffisamment déterminée.

Obst. L. 38, pr. soc.; L. 41, de jud.; L. 7 et 12, si serv. vindic. — Réponse : Il y a une différence entre ces cas et celui qui nous occupe, en ce que si, dans le nôtre, on permettait au juge de condamner aux intérêts pour l'avenir, il statuerait sur autre chose que ce qui lui est soumis, les intérêts non échus comme le retard non advenu n'étant pas déduits in judicium, tandis que, dans l'espèce de ces lois, il décide sur des choses qui lui sont soumises. De même, si on agit damni infecti, il entre dans l'office du juge de faire donner caution, parce que la chose qui lui est soumise et qu'il doit prévenir, c'est le *damnum futurum*.

Il faut avouer, néanmoins, que dans la loi 12, si serv. vindicet, le juge statue *in futurum* sur une chose *non deducta in judicium*.

Le doute qui s'était élevé à cet égard s'élevait, non pas *eo casu quo apud judicem itur*, mais au cas contraire. V. L. 26, § 1, de fideic. libert.

§ 3.

D'après ce texte, les intérêts sont dus par le tuteur au pupille jusqu'au jour de la restitution de la somme, ou au moins jusqu'au jour de la sentence. La loi 46, § 3, de adm. et per. tut., semble dire que les intérêts seront dus seulement *in diem accepti judicii*. Cuj. répond que, dans certains cas, la différence des expressions ne tire pas à conséquence.

Nous croyons que le sens de la loi est celui-ci: le tuteur, comme tout autre administrateur *qui pecuniam in suos usus convertit*, doit les intérêts, non pas *ex more regionis*, mais *maximas usuras*; maintenant, la question posée, c'est de savoir, non pas s'il devra *usuras*, mais s'il devra *easdem usuras*, lorsqu'il aura cessé d'être tuteur, parce qu'à cette époque ce n'est plus un administrateur; et le jurisconsulte décide qu'il ne devra les intérêts que comme il les doit dans l'action de tutelle, c'est-à-dire, *ex more regionis*. Maintenant, on dit *in diem accepti judicii*. Pourquoi? parce qu'à cette époque la novation ex lite contest. fait qu'il ne doit plus comme un administrateur *qui in usus suos convertit*, c'est-à-dire, *maximas*, mais les intérêts moratoires que doit tout individu actionné par une action de bonne foi; le *in diem accepti judicii* porte, non pas sur la cessation des intérêts, mais sur la cessation de tels intérêts.

Cette novation par la *litis contestatio* éteint nécessairement le *fœnus* (nec obst. L. 90, de verb. obl.), pour y substituer les *usuræ ex officio judicis*, lorsque l'action est de bonne foi. C'est parce que le fœnus est éteint par cette novation, qu'en général, après la chose jugée, les intérêts en droit romain ont été plus forts qu'avant.

Cependant, L. 35, de us., semble s'opposer à cette doctrine de la cessation des intérêts par la lit. contest.

V. L. 1, C. de jud. Cette loi a été interpolée probablement; on devrait supposer une *præscriptio cujus rei dies fuit*.

Quant à la loi 35, de usur., il faut l'appliquer seulement aux actions de bonne foi. V. L. 34, sup.

Obst. inter se, quoad usuræ modum. L. 38, de neg. gest.; L. 18, § 3; Mand. Vid. ad has leges.

L. 2.

Doit-on les intérêts des fruits ?

Distinguez, selon qu'ils ont été vendus avant ou après la *litis contestatio* ; s'ils ont été perçus avant, on les doit, parce qu'ils ont été demandés par la formule ; s'ils ont été perçus après, ils tombent, il est vrai, dans l'office du juge ; mais n'étant pas compris dans la formule comme chose principale, ils ne peuvent donner lieu à intérêts. L. 51, § 1, de pet. her.; L. 15, h. t.; L. 18, de his quæ ut. indign.

Remarquez que dans les actions stricti juris, ne seront compris les fruits perçus *ante judicium acceptum* ; telle est la règle générale, sauf un petit nombre de cas spéciaux. Act. Fabienne, Calvisienne, Paulienne, quod metus causa, unde vi, quod vi aut clam. (Cuj.) (En général, il en est de même de toutes les actions dans lesquelles le préteur se sert du mot *restituas*. L. 38, § 4, h. t.).

L. 3 pr., § 1.

Cette loi, dans le principe, semble décider que si le débiteur est *in mora* par suite de l'action, il devra les fruits *a tempore legitimo*. Dans le § 1, où le débiteur est également *in mora*, puisque *causam præstat post litem contestatam*, elle dit au contraire que *tempus immune est a fructibus dependendis*.

Cujas dit que le décret de Marc-Aurèle comprenait les fruits *ex lite contestata usque ad sententiam de fideicommisso*, fruits qui n'avaient pas été compris dans la condamnation, par la raison que *mora non erat*; quant au cas du § 1, Cujas concilie avec le pr., en disant que *usuræ non debentur legitimo tempore*, s'il n'y avait pas demeure *ante litem contestatam*.

§ 2.

Les fruits perçus et gardés hereditario jure par l'her. imputantur in quartam, voyez L. 22, § 2, ad Trebell.; L. 24, § ult., ad leg. Falc., ce qui ne s'applique pas aux fils, L. 6, C. ad Trebell., mais ce qui s'applique aux autres descendants, d. l. § ult. Ce qui a été introduit par Dioclétien, L. ... de inoff. test.; de même la fille chargée de restituer l'héritage par fidéicommis, devait imputer les fruits sur sa dot. L. 22, § 4, ad Trebell.

Les actions arbitraires, dit Cujas, diffèrent ab actionibus strictis et bonæ fidei. — Ut in arbitrariis, fructus veniant ex mora, vel ex lite contestata; in strictis, ut fructus veniant ex lite contestata, etiamsi mora litem præcesserit; in bonæ fidei, ut fructus veniant etiam ante moram et litem contestatam. (Pas de texte.)

La décision de notre paragraphe est contredite,

L. 58, § 7, ad Trebell., du même auteur. Cujas supprime la négation, ce qui résulte assez bien des termes de la loi : *cum ea verba diminutionem quidem hereditatis admittant, fructuum autem additamentum non recipiant.*

Quelques auteurs cités par Pothier, et entre autres Vissembach, conservent la négation dans la loi 58, § 7, ad sc. Treb., et font une différence entre la charge de restituer *quod ex bonis,* et celle de restituer *quod ex heredit. superest :* au premier cas, les fruits accéderaient aux biens ; au second cas, au contraire, on peut dire qu'ils ne sont pas *ex hereditate.*

Remarquez que, dans tous les cas où il est permis au fidéicommissaire de prendre sur la succession, il doit rendre les fruits ; s'il est chargé de rendre le tout, il doit les garder. V. L. 57 pr., ad Trebell. L. 83, de leg. 3°.

Cependant la loi 32, ad Treb., dans un cas où l'héritier est prié de restituer *quidquid ad eum pervenit,* y comprend les fruits. Cujas prétend que les fruits à venir se trouvent compris dans la restitution, en raison de la clause du testament qui force le fils à donner caution de restituer *quantacumque pecunia, etc.;* en effet, la nature du fidéicommis le forçait par lui-même à cette caution; pour donner un sens à la disposition, on suppose qu'elle a voulu comprendre les fruits de l'hérédité.

Voici les règles posées par Pothier en matière de fruits dans la restitution d'un fidéicommis.

Règle : la restitution ne comprend ni les fruits ni causam. L. 18 pr., § 2; L. 63, § 5; L. 63, § 6, ad Trebell.; L. 27, § 16. Eod.

Exception : à moins que l'héritier n'en soit chargé expressément, ou tacitement. L. 78, § 12, ad Treb.; L. 3, § 3, de usur. Est regardée comme obligation de restituer, la clause du testament qui force à donner caution. L. 32, ad Treb. (Secus L. 57. Eod. L. 83, de leg. 3°).

Les fruits peuvent servir, dans certains cas, à compléter ce que l'héritier est chargé de restituer. L. 33, ad Trebell.

On doit en dire autant *de omni causa et incremento.* L. 63, § 4, ad Trebell. Tout ceci doit s'entendre des fruits et de la *causa post aditionem hereditatis.* L. 27, § 1, ad Treb. Sont restitués les intérêts dus par suite de contrats du défunt, le prix des baux jusqu'au jour de la restitution. L. 44, § 1, ad Trebell. Lorsqu'ils ne sont pas perçus, ils sont censés faire partie de l'hérédité; s'ils ont été perçus, on ne les restituera pas. L. 58, § 2, ad Trebell.

Le part des esclaves n'étant pas fruit, devra toujours être restitué. L. 22, § 3, ad Trebell. Vide tamen L. 14, § 1. Eod. Antinomie.

L'héritier ne doit pas restituer ce qui lui a été

prélégué. L. 32 et 96, de leg. 3°; L. 44, § 7, de cond. et demonst.

De la charge de restituer *quidquid ex heredi-tate supererit*.

Les fruits sont compris dans ce fidéicommis. L. 3, § 2, de usur. Nec obst. L. 58, § 7, ad Trebell.

§ 4.

V. L. 64, de rei. vind.

L. 4.

La stipulation *rem dari*, dit Cujas, est certa stipulatio, quia certa res venit, id est, proprie-tas certa. *Rem tradi* est incerta, quia possessio incerta est, ut incorporale quid. V. L. 75, § 7 et 10, de verb. obl.

Obst. L. 3, § 1, de act. emp.

Quelques commentateurs concilient en disant que, dans notre espèce, c'est en raison de la no-vation de l'action empti que les fruits sont cen-sés compris dans la stipulation, ce qui est inutile dans le cas de la loi 3, § 1, parce que l'action empti subsiste. — On fait remarquer que bien qu'il y ait novation dans la stipulation *rem dari*, néanmoins le jurisconsulte décide que les fruits n'y sont pas compris. Telle ne peut donc pas être la raison de différence.

Peut-être est-ce dans la combinaison des deux formules que Papinien trouve sa raison de décider.

V. Accurse, Doneau, Barthole.

Les lois semblent d'accord pour attribuer à la stipulation *vacuam possessionem tradi*, l'effet de comprendre les fruits.

Duaren croit que la loi 3, § 1, de act. empt., se doit entendre seulement des fruits perçus avant la stipulation.

Dumoulin, Cujas et Hottman y voient une antinomie réelle. Id. Pothier.

L. 5.

Les fruits perçus sont réclamés, quelle que soit leur origine. L. 27, § 1, et L. 52, de her. petit.; mais on ne peut imputer au possesseur de n'avoir pas perçu *fructus inhonestos*.

Remarquez qu'il en doit être de même d'une action *stricti juris ;* car il est de règle qu'une stipulation *inhonesta non valet*.

L. 7.

Le créancier dont on a déposé le dû, a une action utile de dépôt contre le consignataire (L. 19, de usur.) sur la consignation. V. Cic. 13, ad famil., lettre 56.

L. 8.

En règle générale, usuræ usurarum non sunt, neque fructuum. L. 51, § 1, de hered. petit.; mais on décide que ce qui n'est pas perçu comme fruit de la chose, sera perçu *tanquam causa*. Fragm. vat., § 65.

L. 9, pr.

V. L. 15, et L. 26, § 1, C. h. t.

La peine stipulée pour défaut de payement ne peut excéder les intérêts légitimes; ainsi, dans l'espèce, si on a retardé un an, et qu'on ait prêté 100, au lieu de 200 qui seraient dus d'après la convention, on payera 112.

V. q., Frag. Vatic., § 11, et L. 13, § 26, de act. empt.

§ 1.

Non enim pœna, c'est-à-dire, usuræ usurarum.

Basiliques : οὔτε γὰρ τόκους τόκων ἐδόκει ἐπερώτασθαι, ἀλλ' ὑπὸ ἀμεσω πλεῖονα καὶ νόμιμον τόκον.

Si tamen post mortem, etc., obst., L. 18, § 1, h. t. Remarquez que, dans cette loi, il s'agit d'intérêts compensatoires, et non d'intérêts moratoires.

Obst., L. ult., de naut. fœnore. Réponse : c'est l'espèce réciproque.

L. 10.

Cette loi prouve qu'en matière d'action réelle le *partus editus*, non plus que les fruits, ne sont compris dans l'office du juge.

Notez, quant à la restitution des fruits héréditaires, une différence entre celui qui possède comme héritier, ou comme emptor. L. 2, C. de petit. hered.

En matière d'actions de bonne foi, les fruits perçus ante acceptum judicium, sont compris dans l'office du juge.

En matière de fruits *post litem contestatam*, la loi des 12 Tables disait : *Si vindiciam falsam tulit ejus rei sive litis arbitros tres datos eorum arbitrio fructus duplione damnum decidito.* Origine du *judicium fructuarium*. G. iv, 169.

En matière d'action d'état ou de præjudicium, le *partus editus ante litem contestatam* n'est pas plus que dans les autres actions réelles compris dans l'office du juge.

Remarquez que si les fruits en matière de revendication sont compris dans l'office du juge, c'est une règle toute spéciale. V. L. 22, de judic.

L. 11, pr.

Il faut supposer que les intérêts ont été stipulés par l'administrateur de la république *suo nomine*.

Etiam si omnia nomina idonea *non* sint. Cuj., Basil. Nous aimons mieux la leçon florentine.

§ 1.

V. L. 16, de adm. et peric.

§ 13, pr.

Pierre Favre et Schulting substituent *majores* à *minores* (*quominus* . . . . . *solvat*). Cujas garde *minores*, peut-être avec raison.

L. 14, § 1.

Voyez, dans le même sens, L. 41, § 10, de leg. 30; L. 21, de opt. leg.

Obst., L. 58, § 4, ad Trebell., et une loi d'Ulpien au même titre (Cujas dit, L. 22, § 3, ad Trebell., qui n'en parle pas). — Pas de conciliation. Nemo negare potest quin non consenserint.

L. 15.

Remarquez que cette loi parle de condiction des fruits au possesseur; mais on ne peut pas en conclure qu'il les fasse siens; il est évident qu'il s'agit des fruits consommés, puisqu'il s'agit d'un possesseur de mauvaise foi.

L. 16, pr.

Obst., L. 17, § 8, eod. . . . . . Distinguez entre le donateur et ses héritiers.

L. 17, § 3, in fin.

V. L. 7, § 6, et L. 44, de minor.

L. 17, § 6.

V. le cas contraire, L. 43, eod.

L. 18, pr.

Frag. vat., § 17.

La raison que donnent les basiliques de cette décision, c'est que l'acheteur devait céder la chose de suite au revendiquant. Nous aimons mieux dire que le possesseur a dû, *ex lite contestata*, mettre de côté tous les fruits. (Cujas trouve cette décision singulière; elle nous semble assez naturelle.)

L. 19, pr.

Neque ususfructûs rursus fructus eleganter computabitur. En effet, on peut dire que les fruits proviennent de la chose, plutôt que de l'usufruit; mais on voit que le jurisconsulte ne s'arrête pas à cette opinion.

L. 23, § 1.

Ajoutez : L. 2, de nautico fœnore. *Labeo ait : si nemo sit qui a parte promissoris interpellari trajectitiæ pecuniæ possit, id ipsum testatione complecti debere, ut pro petitione id cederet.*

L. 24.

V. L. 3, pr., quod vi aut clam.

L. 25, pr.

Remarquez que ce texte parle d'un possesseur qui ne fera pas les fruits siens, donc, a contrario, dans certains cas, il les fera siens; et il semble impossible de supposer une interpolation de ce texte, sans en déranger toute l'économie. Ceci ne laisse pas d'avoir son importance pour la réfutation du système de M. de Savigny, sur la loi 48, pr. de acq. rer. dom.

§ 1.

Même observation que sur le § précédent.

§ 2.

Obst., L. 48, § 1, et L. 23, § 1, de acq. rer. dom. M. Ducaurroy et Cujas concilient en disant qu'on ne lui ôtera pas les fruits, tant qu'on ne l'évincera pas; ce qui est une naïveté.

Cela pourrait bien avoir fait question. L. 48, § 1, donne des détails qui le prouveraient. Ce texte, en l'entendant de l'usurpation des fruits, et non de leur acquisition par perception, pourrait peut-être servir à justifier le système de M. de Savigny; mais il faut remarquer qu'il assimile

les fruits perçus d'un fonds au produit d'un
esclave, et qu'il est de doctrine qu'en cette
dernière matière il n'est pas besoin d'usuca-
pion, pas même de consomption, pour qu'ils
soient acquis irrévocablement. L. 40, de acq. rer.
dom.

§ 28, pr.

Notez le *statim pleno jure fiunt;* mais notez la
singularité de l'assimilation du possesseur de
bonne foi et de l'usufruitier; rien n'est plus différent. V. L. 25, § 1, h. t. En supposant, comme
il le faut dans le système de M. de Savigny, que
les mots *pleno jure* ont été substitués à ceux-ci,
in bonis, il faut supprimer *et fructuarii,* sous
peine d'arriver à une absurdité. Cette loi semble
supposer, à moins d'inadvertance du jurisconsulte, que le possesseur ne fait les fruits siens
que par la perception.

§ 1.

Nous trouverons au titre de furtis et de usurp.
des conséquences de ce principe, dont on a mal
à propos tiré argument pour faire un système
d'acquisition de fruits.

L. 30.

V. le même privilége. L. 12, c. de usur. Nov.
136, ch. 4.

13.

L. 31.

Exceptez, en vertu de la nov. 136, les *argentarii*, à qui sont dus nudo pacto, besses usuræ.

L. 32, § 4.

L. 173, § 2, de reg. jur.
Obst., L. 18, de duobus reis. Cujas dit que la demeure d'un des correi nuit à l'autre, ad perpetuandam obligationem, non ad augendam.

§ 5.

Obst., L. 19, de dolo malo. V. notes ad hanc legem. Vide quoque argumentum de fidejuss., ad leg. 95, § 1, de solut. Voyez la conciliation de ce texte avec le nôtre.

L. 34.

Remarquez que ceci n'est vrai que dans les termes rigoureux de la loi, c'est-à-dire, *in judic. bonæ fidei*.

L. 35.

Nous avons déjà dit sur la loi 1, § 3, quel est le sens que nous donnons à cette loi; sens nécessaire, à moins d'admettre le cumul des intérêts stipulés et des intérêts moratoires. L. 1, c. de jud.

L. 38, § 1.

Lorsqu'une chose a été donnée, dotis causa, et sous condition résolutoire, au cas où le mariage n'aurait pas lieu, le doté doit restituer la chose au dotant.

La réclamation se fait par une condiction. En cette matière, la règle devrait être que *causa restituatur post litem contestatam;* mais comme le doté se trouvait, non pas possesseur, mais propriétaire *ante litem contestatam*, il ne devrait rien restituer des fruits perçus. Notre loi le tient, en outre, de tous les fruits perçus, *cum sperabatur affinitas;* quelle peut en être la raison? Elle nous semble se trouver dans la volonté et l'intention des parties. V. Fr. vat., § 14. Cependant, en matière de *lex commissoria*, comme il y a lieu à l'action *empti*, on conçoit que, dans cette action de bonne foi, la *causa præcedens* soit comprise, ce qui semble plus difficile dans notre espèce. Il faut croire, comme le veut Cujas, que, dans les cas de restitution, on devait restituer la chose avec tous les fruits qui en étaient provenus. V. le § 2 de la même loi. Remarquez qu'alors que nous parlons de restitution, nous entendons une restitution à l'individu qui a donné, alors que l'acte est révoqué.

Il est probable, par analogie de la différence

existante, quant à la restitution des fruits entre
l'addictio in diem et la *lex commissoria* et entre
l'addictio in diem suspensive et *l'addictio* résolutoire, que, dans le cas seulement où le contrat
est suspendu par une condition, les fruits doivent être restitués; secus, dans le cas où il est
résolu. Il est vrai que le § 2 contredit cette as-
sertion, en décidant, que dans la condition, tous
les fruits sont restitués ; mais on peut répondre
qu'il n'y a pas identité d'espèces; en matière de
donation ou de vente résoluble, si les fruits ne
sont pas rendus, c'est parce que *causa subest*
percipiendorum fructuum, et cette cause, c'est la
qualité d'acheteur ou de donataire, tandis qu'en
matière de condictio indebiti, *causa nulla subest*,
et c'est pour cela qu'il y a condiction. Dans un
cas, il y a eu cause de possession pendant un
certain temps, dans l'autre, non.

Ces conséquences rigoureuses semblent néanmoins avoir été modifiées dans la pratique, de
telle sorte que, soit que le contrat soit suspensif,
soit qu'il soit résolutoire, les fruits doivent être
restitués. V. L. 5 de leg. comm. § 14; Fragm.
vat. L. 4, § 4; L. 2, § 1 et L. 3 de in diem addict.

§ 4.

Ce texte semble bien décider que l'on devra
restituer tous les fruits même *ante acceptum*
judicium, dans ces deux actions.

A l'égard de l'action Favienne et Calvisienne, cela ne fait pas de doute, L. 1, § 28 et L. 2, si quid in fraud.

Mais en matière d'action Paulienne, si cela ne fait pas de doute quant aux fruits restitués *post litem contestatam*, cela semble en faire beaucoup pour les fruits perçus avant l'action intentée. L. 25, § 4, quæ in fraud. § 5 et 6, eod. Ces textes disent que les fruits perçus entre l'action et l'aliénation, c'est-à-dire, pendant que l'acquéreur était propriétaire, ne devront pas être restitués. La loi 10, § 19, 20 et 21, eod. se pourraient entendre, soit des fruits perçus avant, soit des fruits perçus après *lit. contest*. Mais le § 22, eod., nous prouve qu'il s'agit des fruits *ante litem contestatam*.

Mais notre texte parle évidemment des fruits même perçus *post lit. contest.*, puisqu'il ajoute : *nam prætor id agit ut perinde sint omnia atque si nihil alienatum esset;* ce qui concorde bien avec les règles de l'action Favienne, mais non avec celles de la Paulienne.

Il y a ceci de remarquable que le mot *restituas* sur lequel se fonde le jurisconsulte pour soutenir que les fruits perçus doivent être compris dans cette action, ne se trouve pas dans ce qui nous reste de l'édit sur l'action Favienne, non plus que sur celui de l'action Paulienne. L. 1, pr. si quid in fraud. L. 1, pr. quæ in fraud. ;

mais il se trouve dans le fragment qui nous parle de l'interdit restitutoire qui accompagne la Paulienne. L. 10, pr. quæ in fraud., et qui, plus est, il faut remarquer que ce texte peut s'appliquer au cas de l'action Favienne comme au cas de la Calvisienne.

Qu'y avait-il sur la formule de cet interdit ou plutôt de cette promesse d'action *in factum?* Les uns, comme Paul, h. l. et Ulpien et Marcien, L. 10, § 22, quæ in fraud.; L. 3, si quid in fraud., s'attachaient-ils au mot *restituas?* Tandis que d'autres, comme Venuleius, Proculus et Labéon, voyaient dans cette restitution une restitution seulement de ce qu'on avait reçu du fraudator même. L. 25, § 4, 5, et 6, eod. C'est ce que nous ne savons pas.

V. L. 173, § 1 de reg. jur. tirée du même ouvrage.

§ 5.

L. 1, § 40 et 41, de vi arm. Remarquez qu'on restitue non-seulement les fruits perçus, mais qu'on aurait pu percevoir.

§ 6.

L. 12, pr., quod metus causa.

§ 10.

Paul. sent. II, 12, 7, L. 1, § 24, depos.

§ 1.

L. 15, § 7, quod vi aut clam.

L. 41, pr.

Etiam de usuris medii temporis, c'est-à-dire le medium tempus après le jugement d'appel. L'appel anéantit la sentence, et, par suite, tous ses effets. L. 2, § 2, de Pœnis; L. 1, § 14, ad sc. Turpill. L. 6, § 1, de his qui not. inf. Par suite le tuteur ne sera pas condamné aux *usuræ rei judicatæ,* pendant le *medium tempus*, mais bien aux intérêts *ex more regionis.*

Quid si le tuteur provocat bona fide?

La loi 24 pr. de appell. nous dit que l'on devra donner une action utile dans ce cas contre l'appelant, quoique de bonne foi, si son appel est rejeté, pour lui faire payer *usuras medii temporis.* Cujas veut que, dans ce cas, il s'agisse du cas où *dolo negotium tractum est,* et faire donner une action utile contre le débiteur *qui provocavit,* dans le cas où l'appel a été fait de mauvaise foi, comme dans le cas où la mauvaise foi n'est venue que pendant l'instance.

Nous aimons mieux dire que, dans l'espèce de notre texte, les *usuræ* étant dues *ex mora* dans toute action de bonne foi, et l'appel de mauvaise foi constituant évidemment le débiteur en demeure, il entrera dans l'office du juge de comprendre les intérêts dans sa condamnation. Que si, au contraire, il ne les a pas compris, soit parce que le tuteur n'était pas de mauvaise foi en appelant, néanmoins on trouve équitable, dans ce cas, de donner une action utile, probablement *in factum*, pour réclamer les intérêts du *medium tempus*.

Mais quid des intérêts compris dans la première condamnation? Comme l'appel n'éteint les obligations qui résultent de la première condamnation, que pour les nover en une autre qui la contient tout entière, il est évident que les intérêts de la première *litis contestatio* jusqu'à la première sentence, seront compris dans la seconde condamnation; on n'a donc à s'occuper que des intérêts *medii temporis*, et c'est de ceux-là que traitent les L. 64 de re judic. et 24 de appell.

§ 1.

Obstat L. 21, de reb. cred. — Réponse. Il ne s'agit pas dans cette loi d'un payement partiel, mais seulement du cas où, au moment d'entamer un procès, le défendeur reconnaît partie des droits du demandeur, tout en étant prêt à défendre sur le reste. Le préteur contraindra le demandeur à restreindre sa demande.

L. 42.

C'est la règle générale, sauf le cas de restitut. de dot. L. 7, de jur. dot. Nec obstat L. 26 de usufr. quam affert Cujacius.

L. 43.

Postquam fiscus debitum percepit, c'est-à-dire, après qu'on lui a acheté sa créance. Celui qui l'a achetée aura droit aux intérêts qui ont couru avant. — Lisez *non posse*. Basiliques. L. 3 C. de Priv. Fisc. — L. 2, de his qui in prior. Cred. C. La correction des basiliques peut paraître douteuse. Cujas cite cependant deux auteurs grecs dans ce sens.

L. 45.

M. Varkœnig admet sur cette loi l'interprétation de Vinnius. Voy. ad Inst. de div. rer. § 35.

L. 49.

L. 72, de reg. jur.
L. 122, § 5, de verb. obl.

DE LIBERIS ET POSTHUMIS (1).

Dig. lib. 28, tit. 2.

1ʳᵉ QUESTION.

Les professeurs de Louvain supposent que dans la loi 84 de acq. her. pour la concilier avec la loi 16 de Liber. et Post., il faut supposer que le fils n'a pas été institué seul, mais qu'il a un cohéritier. D'autres voient là une antinomie réelle.

V. L. 16 de Lib. et Posthumis.

L. 84. de acq. her.

La première de ces lois suppose un fils institué, le petit-fils substitué, et un posthume passé sous silence. Le posthume *speratur*, mais la mère *abortum fecit*. Pendant le temps pendant lequel *speratur posthumus*, le fils meurt; on décide que le petit-fils sera héritier tant de son père que de son aïeul. Que si le petit-fils n'a pas été substitué, dans ce cas, comme il est certain *neminem heredem fore ex testamento, ipse filius, intestato patri, heres existat;* et l'on assimile cela au cas où le fils institué héritier sous condition potestative meurt avant d'y avoir obéi.

La loi 84 de acq. vel amit. her. suppose un

_____

(1) Dans ce titre se trouvent quelques questions sur le *de hered. inst.* et *de injusto testamento.*

fils émancipé, ou un étranger institué. Tant que
le testament est en état d'être rompu, l'hérédité
n'est pas différée en vertu de ce testament. On
suppose que la femme se trouve n'être pas enceinte, et que le fils retenu sous la puissance
vienne à périr pendant que ce fait est incertain,
il est réputé avoir été héritier en vertu du testament. Quant à l'émancipé ou l'extraneus, ils ne
peuvent demander l'hérédité qu'autant que l'on
est certain que la femme n'est pas enceinte.
Quant au fils sous la puissance, on dit qu'il est
injuste de le faire attendre que la naissance du
posthume soit décidée, parce que, dans tous les
cas, il sera héritier de son père, soit ab intestat,
soit testamentairement; aussi décide-t-on qu'on
le secourra decreto. Quant au fils émancipé,
comme il viendra également pour sûr à la possession de biens, ou à l'hérédité, au moins *jure
honorario*, on lui accorde la même faveur.

On voit que l'antinomie vient de ce que la loi
16 de liber. et post. décide que la mort du fils,
pendant que l'on est incertain sur la naissance
du posthume, le fait regarder comme n'ayant
jamais été institué; en un mot de ce qu'Africain
fait en quelque sorte céder le *dies testamenti*
à l'époque où l'on sera certain de la naissance
du posthume; tandis qu'au contraire, Papinien
dans la loi 84 de acq. vel amit. hered., suppose que
le décès de l'héritier, pendant l'incertitude sur la

naissance du posthume, ne recule pas la *cessio diei*.

Cujas observ. Lib. III, cap. XXI.

Le fils n'est pas héritier ab intestat de son père, parce que eo tempore decessit filius quo nondum avus erat intestatus et substitutus ei datus sustinebat testamentum, quod etiam sustinuisset coheres ei datus.

Cujas, dans l'espèce de la loi 16, suppose que le fils meurt, alors que le posthume n'est pas né, mais que celui-ci vient à naître après. Dans l'espèce, le fils ne peut être héritier d'après le testament, parce qu'il est mort à une époque où le testament était menacé d'être rompu, et que sa mort ne l'a pas annihilé, puisqu'il y a un substitué.... il ne sera pas héritier ab intestat, parce que sa mort n'a pas fait tomber le testament, puisque le substitué était là pour le soutenir. Dans cette position le nepos sera héritier du fils ab intestat, et le posthume étant né également héritier de l'aïeul ab intestat. D'où Cujas conclut que le petit-fils est héritier sien du fils et de l'aïeul, parce que c'est à lui directement qu'a été déférée leur hérédité; par la raison qu'à l'époque où il était certain que le testateur mourrait intestat, il était le plus proche et sera *suus heres*, comme étant au moment de sa mort sous sa puissance.

Que s'il n'y a pas de substitué, que le fils vienne à mourir avant que le posthume soit né dans ce cas, comme il est certain que personne ne sera héritier en vertu de ce testament, le fils est réputé avoir été héritier ab intestat du père, et avoir transmis cette hérédité à son fils.

Cujas suppose toujours que le posthume est né, parce qu'autrement le petit-fils serait héritier ab intestat de son père et héritier ex testamento de son aïeul dans la première espèce; dans la seconde, le fils aurait succédé ex testamento à son père, tandis que le texte dit qu'il aurait succédé ab intestat. Cujas, pour soutenir que le posthume naît après la mort, se fonde sur le rapprochement qu'il fait de ces mots : *interim....* *Posthumo non nato.*

On conçoit qu'avec ce système la conciliation devienne facile. En effet, si dans la loi 84 de acq. vel. amit. her., on décide que si le fils meurt alors que *speratur posthumus*, il n'en sera pas moins réputé rétroactivement avoir été héritier, alors qu'il devient certain que le posthume ne naîtra pas; la raison en est que le testament est valable et l'a toujours été.

Cependant il reste une difficulté à résoudre : dans la première espèce de la loi, alors qu'on supposait le petit-fils substitué, Africain décidait que le petit-fils serait héritier ab intestat de son père, et de plus, héritier de son aïeul; donc il décidait que le fils ne serait pas héritier de son père. Dans la seconde partie de la loi, au con-

traire, il décide que le fils sera réputé avoir été
héritier ab intestat de son père. La fin de la loi
pose comme point de comparaison le cas où un
fils est institué sous condition potestative et
meurt avant d'y avoir obéi; qu'arrive-t-il dans ce
cas? Papinien, dans la loi 28. de condit. inst.,
distingue entre la condition qui peut être accomplie *moriente filio* et celle qui ne peut pas
l'être. Dans le premier cas, lorsque la condition
pouvait être accomplie *moriente filio*; comme le
même événement qui rompt le testament, c'est-
à-dire, qui fait défaillir la condition, rend le fils
incapable de succéder *ab intestat*, puisque la
mort seule du fils peut avoir cet effet, on ne
peut dire qu'il ait succédé à son père ; si au contraire la condition était de nature à être accomplie *moriente filio*, dans ce cas elle défaille alors
qu'il est encore capable. Lorsque Africain com-
pare son espèce au cas de l'institution conditionnelle, on doit, dit Cujas, appliquer cette
assimilation aux deux espèces de la loi, seulement voir dans le premier cas où le fils n'est
pas héritier une assimilation avec la seconde
espèce de condition que nous avons donnée, et
dans le second une assimilation à la première
espèce de condition.

Examinons les principes : lorsqu'un héritier
sien est institué héritier, il n'a pas besoin de
faire adition; indépendamment de cette adition,

il est héritier. Par suite, à son égard, si le posthume naît, le testament a été rompu, et la succession déférée ab intestat, dès lors, comme nous le supposons mort au moment de la naissance du posthume, c'est-à-dire, au moment de la délation de l'hérédité ab intestat, il en résulte qu'il ne peut la recueillir, ni par suite la transmettre. Si, au contraire, le posthume ne naît pas, le testament est valable ; comme il acquiert l'hérédité sans adition, elle lui aura été acquise et par lui transmise. Que si l'on suppose qu'il s'agit d'un *extraneus*, jure civili, il ne peut faire adition d'hérédité pendant que la condition du testament, par la naissance du posthume, est encore en suspens. Par suite, s'il meurt avant que l'incertitude ait cessé, que le posthume soit né ou non, peu importe, l'extraneus ne transmettra rien et n'aura jamais été héritier *jure civili*. Tels sont les principes de droit civil contenus dans la loi 84 de hered. inst.

D'après la loi 16 de liber. et posthum., tous les principes se trouvent bouleversés.

Un fils est institué héritier *omisso posthumo*, et on lui substitue son propre fils ; il meurt *posthumo non nato*, le petit-fils sera héritier tant du fils que du père, dit la loi. D'après les principes de Papinien, on devra dire que le petit-fils est héritier du fils, héritier lui-même du père, en sa qualité d'héritier sien. Au contraire, Africain,

dans l'espèce, décide que le petit-fils substitué
sera héritier de son père et de son aïeul; c'est
ce qui faisait dire à Cujas, pour arriver à une
conciliation, que le posthume, dans cette espèce, est né, et, par suite, le testament rompu.

Que s'il n'y a pas de substitution, et que le
fils vienne à mourir, si le posthume ne naît pas,
d'après les principes de Papinien, le fils sera
réputé avoir été héritier; si, au contraire, le
posthume vient à naître, il n'aura jamais été
héritier; ni testamentairement, parce que le posthume a rompu le testament, ni ab intestat,
parce qu'il n'existait plus à l'époque que l'on
examine pour déterminer si le défunt est ou
non intestat. Africanus, au contraire, décide
que, comme il devient certain, par la mort du
fils institué seul, qu'il n'y aura pas d'héritier
testamentaire, dès lors ce fils aura été héritier
du père ab intestat, comme dans le cas, dit le
jurisconsulte, où le fils, institué sous une condition potestative, meurt avant l'accomplisse-
ment de la condition.

Quelle est la raison de décider d'Africain? On
peut la trouver dans la comparaison qu'il fait
avec l'institution conditionnelle de l'héritier
sien. Lorsque le fils est institué héritier sous
une condition potestative, et que cette condition vient à défaillir *vivo eo*, il est héritier ab
intestat. Dans l'espèce qui nous occupe, sup-

posons que, dans la suite, le posthume vienne
à naître, le testament sera rompu ; mais revien-
dront les principes que nous exposions : le fils
n'aura jamais été héritier, parce qu'à l'époque
à laquelle il est certain qu'il n'y aura pas d'hérédité testamentaire, le fils n'est plus capable de
succéder intestat. Cependant, par un détour
subtil, on peut arriver à le faire succéder.

Ce détour de droit consiste à considérer le
testament comme ouvert seulement à l'époque
de la naissance du posthume ; c'est cette idée
qui a déjà, dans la première espèce, fait décider que la mort du fils, avant qu'on soit certain
de la naissance du posthume, donnera ouverture à la substitution. Dans la seconde, c'est parce
qu'on décide que l'époque de l'ouverture du testament est reculée en quelque sorte jusqu'à
l'époque que nous avons indiquée, que l'on décide que la mort de l'institué avant cette époque
amènera l'annulation du testament, parce qu'à
cette époque il faut sa capacité. Dès lors on
conçoit que le jurisconsulte assimile ce cas à
celui d'une condition : il faut capacité au moment de l'événement de la condition, sans quoi
le testament tombe. Mais si le testament tombe,
il n'y a plus à s'occuper que de l'hérédité ab intestat, qui aura été déférée à l'héritier, comme
héritier sien, dès l'instant de la mort, absolument comme si l'héritier sien mourait avant

d'obéir à la condition potestative qui lui était imposée, auquel cas il serait héritier ab intestat. Africain pose ce principe sans distinction, bien que les textes distinguent, comme nous avons dit, et son erreur se trouve dans ce point qu'il a oublié que c'est seulement quand on est capable à l'époque où l'on est sûr que la succession sera déférée ab intestat, que l'on peut y venir; quant à l'antinomie, elle nous semble complète. Il semble même fort extraordinaire que le jurisconsulte fasse venir le fils à la succession ab intestat, tandis que, dans l'avis de Papinien, il arriverait à la succession testamentaire; mais cela provient de l'idée émise dans la première partie de la loi, que le fils institué doit survivre pour succéder testamentairement à l'événement du posthume.

Papinien, dans la loi 84 de acq., arrive, au moyen de possession de bien *decretalis*, au même résultat. L. 4, § 3, et la loi 5 de bon. poss. c. t.; et Cujas prétend que le texte d'Africain parle du droit civ., et celui de Papinien du droit prétorien. Nous croyons que, soit par le droit civil, soit par le droit prétorien, la conclusion d'Africain est fausse.

2ᵉ QUESTION.

Comment concilier la loi 36 de solut. et la loi 30, § 6 de acq. v. omitt. her.? La loi 36 décide que si un héritier demande son dû à un débiteur héréditaire, il n'y aura *lis contestata* que pour la part pour laquelle il est certain, même *pendente posthumi conditione*, qu'il sera héritier, c'est-à-dire, dans l'opinion de Julien, pour le quart, tout en avertissant que la question a été discutée. Il décide que l'héritier *litem contestando pro toto*, *partem perdidisse*.

Que si la femme qu'on croit *prægnans* ne l'est pas, alors l'héritier est héritier pour le tout; mais au moins il y aura eu *litis contestatio*, et perte pour le quart. C'est ce que dit la loi 3o, § 6, de acq. her.; mais où Cujas voit l'antinomie, c'est que, dans cette dernière loi, Ulpien et Pomponius décident que, de même que, lorsque la femme n'est pas *utero pleno*, l'héritier est héritier pour le tout, de même lorsqu'elle a un enfant, il a été toujours héritier pour moitié, bien que la part qu'il a ne soit connue qu'après l'accouchement; elle est déterminée d'avance.

Cujas concilie en disant que, dans cette loi, il s'agit de l'héritier sien, et dans la loi 36 de solut., d'un héritier *extraneus*; ce dernier étant obligé de faire adition d'hérédité, ne pourrait la faire que pour le quart.

Cette conciliation ne vaut rien absolument, car la loi 36 de solut. parle d'un père et d'un fils, et rien ne nous autorise à décider qu'il s'agit d'un fils émancipé. D'ailleurs, on pourrait peut-être contester l'exactitude de la différence établie.

Quid de toutes ces discussions, quant à ce qui regarde la plus-pétition? La loi 28, § 5 de judiciis, nous dit que dans notre espèce *non recte filius petet partem dimidiam a creditoribus ;* a fortiori le tout; par suite il semble logique d'admettre qu'il y aura plus-pétition. — Dans cette opinion, *non recte petet*, d'où on absoudra le débiteur. C'est même cette conséquence à laquelle arrive Julien, lorsqu'il nous dit : *Eam partem pro qua heres fuissem perdidisse.* Il arrête la plus-pétition à la seule part que le fils pouvait demander, parce que l'acquisition des autres parts n'aurait en quelque sorte eu lieu que ex post facto.

Dans son opinion, adoptée également par Paul, L. 3, si pars hered. pet. L. 28, § 6, de Jud., la part qui peut appartenir au posthume, et qui peut être au maximum des 3/4, reste en suspens jusqu'à leur naissance, de telle sorte que quant à cette portion *lis contestata non est,* et si l'hér. est repoussé par plus-pétition, il n'y aura perdu que le quart.

Dans l'opinion qui veut que tout soit déterminé dès le jour de la mort, bien qu'on ignore comment, on arrive à cette conséquence, que le fait de la plus-pétition ne peut être apprécié qu'à l'époque où il sera certain si le posthume naîtra ou non, et combien il en naîtra. De telle sorte que la part n'étant pas déterminée, on décide nihil eum consumpsisse, c'est-à-dire qu'il n'y a pas *lis contestata*; sauf dans le cas où la femme avorterait, cas auquel l'action intentée serait regardée comme bien intentée, sans qu'on pût opposer la plus-pétition. Si, au contraire, le posthume vient à naître, l'action est réputée mal intentée. — Il faut avouer néanmoins que c'est là une singulière doctrine, et qu'il semble bien résulter de la formule, quand même on viendrait y ajouter toutes les præscriptiones possibles pour empêcher de déduire toute la cause in judicium, qu'il y en aura au moins une partie déduite, car on ne peut agir, *litem movere*, sans opérer novation. Nous croyons que ces mots nihil eum consumpsisse (*nihil me consumpsisse si nihil actum sit*) signifient qu'on doit attendre l'événement pour juger, ce qui serait assez confirmé par ces mots : *Si nemo natus sit, recte me egisse;* que si le posthume vient à naître au contraire, il y aura plus-pétition, mais non pour une part fixe et déterminée, comme le veut Julien, mais pour la part réelle qui est dévolue héréditairement à l'action.

Que si l'hér. existant n'agissait que pour le quart, v. gr., et qu'il naisse un seul enfant, de telle sorte qu'il y ait lieu à la reprise de deux huitièmes en sa faveur, pourrait-on lui opposer l'exception litis dividuæ?

www.ingramcontent.com/pod-product-compliance
Lightning Source LLC
Chambersburg PA
CBHW070503200326
41519CB00013B/2694